2030年の不動産

長嶋 修

日経プレミアシリーズ

はじめに　グレート・リセットにどう備えるか？

社会のシステムがダイナミックに変わるとき

ここ数年で注目されるようになった「グレート・リセット」という言葉をご存じでしょうか。グレート・リセットは、より良い世界を実現するため、今の社会全体を構成するさまざまなシステムを刷新・再構築することを意味します。２０２１年の世界経済フォーラムのダボス会議（年次総会）でテーマに設定されたことから、話題を集めました。

スケールが大きすぎて、ただの理想論のように思われるかもしれませんが、実際に世の中は、すでにグレート・リセットに向けて動き始めています。本書の主題ではないので詳細は割愛しますが、今は刷新に向けての過渡期にあり、近い将来、日本社会のシステムはダイナミックな変貌を遂げるでしょう。そのタイミングは、今から少し先の未来――２０３０年頃になると見ています。

社会のシステムが変われば、私たちの暮らしや働き方も変わります。たとえば、公的年金制度や生活保護のシステムが廃止され、代わりにベーシックインカムのような制度が導入される可能性もあります。ベーシックインカムとは、国や自治体が全国民を対象に、最低限の生活を保障すべく定期的に一定額を給付する制度のこと。所得や資産、年齢とは関係なしに一定額を給付する点で、従来の社会保障とは異なっています。

ＡＩ技術の革新やあらゆるシーンでのロボット化の推進などにより、労働力が減少してもある程度の生産力を維持するめどは立ちつつあります。そこにもしもベーシックインカムが導入されれば、私たちの働き方は必然的に変わっていくでしょう。

まず、仕事に対する考え方が大きく変容するはずです。これまでの世の中は物質主義的で、人々はよく稼ぎ、旺盛に消費することに喜びを見出してきたわけですが、今後はより精神的な充足を重視する傾向が強まりそうです。

ミニマリストや、定住する家を持たないアドレスホッパーが注目されたように、〝所有しないこと〟に価値を見出す風潮は、すでに高まりつつあります。また、このところ続いている

〝縄文時代ブーム〟は、単にユーモラスな意匠を凝らされた土器や土偶を愛で、遺跡めぐりを楽しむ人が増えたというだけでなく、現代人の行きすぎた物質主義への疲弊を表しているのかもしれません。

「住むなら日本が一番だ」の声はますます高まる

2030年頃には、世界のパワーバランスも目に見えて変化しているでしょう。これまでは米国が世界を牽引する経済大国として君臨し、米ドルは世界でもっとも強い通貨として影響力を発揮してきました。米国のほかには、欧州の主要国などのいわゆる〝西側諸国〟が世界のリーダー役として立ち振る舞ってきましたが、今後は様相が一変するはずです。

具体的には、アジアの時代がやってきます。アジアは世界でもっとも多くの人口を擁する地域であり、成長軌道に乗っている新興国がいくつもあります。そんなアジアを代表する国の一つである日本は、地政学的に良いポジションを獲得していると言えます。

アジアの大国である中国、それにインドは、有力新興国で構成されるBRICS(ブラジル・ロシア・インド・中国・南アフリカの頭文字)の一員です。2024年から、この

BRICSにイラン、アラブ首長国連邦（UAE）、エチオピア、エジプトなどが加わり、インドネシアもそれに続きました。西側諸国とは一線を画すBRICSの拡大は、これまでと異なる新たな世界の秩序の形成を予感させます。

名目GDP（国内総生産）でドイツに抜かれ、2025年にはインドにも抜かれる見通しの日本は、この先シュリンク（収縮）していくばかりの落日の国だと悲観されがちです。しかし、そんなふうに嘆く必要はまったくありません。隣の芝は青く見えるもので、現段階では欧米の先進国などがまぶしく見えることもあるでしょうが、彼らは彼らで、内側に多くの問題を抱えています。

その最たるものが移民問題です。米国も欧州の主要国も移民問題には頭を抱え、それに端を発する都市の治安の悪化に悩まされています。海外に住みたいという人は多いですが、私が実際に欧米のさまざまな大都市を訪れたり、訪れた人の話を聞いたり、ニュースで見聞きしたりしたところでは、都市の荒廃が進んでいる印象を強めています。

欧米各国は当面の間、この問題に対応するために〝内向き〟にならざるを得ないでしょう。日本も外国人材の受け入れを拡大する方針なので、決して他人事ではありませんが、歴史も地理的な環境も異なるため、不法移民が押し寄せて荒廃する確率は低そうです。

そのように考えていくと、日本はまだまだ治安が守られ、インフラが隅々まで整備されており、街も基本的には清潔です。食べ物は安くておいしい。言論や表現への過度な統制も（少なくとも見た目上は）ない。結局、「住むなら日本が一番だ」と日本を再評価する声は、この先どんどん高まっていくでしょう。日本の未来は明るい、と私は考えています。

一生に一度の大きな買い物で後悔しないために

このような大前提を踏まえて、本書では「日本における2030年以降の不動産」をテーマに、マイホームを買ったり不動産投資をしたりするうえで知っておくべきことを紹介していきます。

繰り返しになりますが、2030年は今とは大きく環境が変わる見通しです。ある日を境にすべてが180度転換するわけではありませんが、現状の過渡期のゴタゴタが落ち着き、日本に関してはより良い世の中になっているものと予想します。

そんな中で不動産に関する〝常識〟も変わります。本書の内容を知っておけば、ゲームのルールが変わっているのに気づかず、後になって悔やむリスクは減らせるでしょう。

昔からよく言われるように、不動産は一生の中でも特に大きな買い物であり、それは今後も同じです。大きな買い物に悔いが残らないよう、必要な知識を身に付ける一助に本書がなれば幸いです。

目次

第1章 異次元の不動産格差時代がやってくる

第2章

2030年、マンションの選び方はこう変わる

マイホームを買うなら第一候補は中古マンションに

世田谷区の駅徒歩20分より、千葉や埼玉の駅近タワマンが有望

過疎化が進む地域では、ほぼ無価値に

新築マンションは高嶺の花、「買うなら中古」が当たり前に

「築古物件をリノベして住む」もスタンダードに

都心の賃貸住宅の賃料は1～2年遅れて高騰する

定期借家契約の賃貸住宅が増える可能性も

買ったほうが得か、賃貸が得か

今までになかった〝新しい暮らし方〟が普及する?

自治体経営の勝者・敗者の格差が浮き彫りになっていく

第3章 2030年の戸建市場の行方

埼玉県の注目エリア　和光市・和光市駅周辺

大阪府の注目エリア1　大阪市内中心部（北区・中央区）

大阪府の注目エリア2　大阪市阿倍野区・天王寺区・城東区・鶴見区

大阪府の注目エリア3　豊中市・吹田市

大阪府の注目エリア4　堺市北区・堺区

福岡県の注目エリア1　福岡市天神・博多駅周辺（薬院・赤坂・大濠公園・西新）

福岡県の注目エリア2　春日市（春日原）、大野城市（白木原・下大利）、福岡市（雑餉隈）

福岡県の注目エリア3　福岡市城南区（七隈・梅林・茶山・金山）

福岡県の注目エリア4　福岡市東区（香椎・千早・照葉）

福岡県の注目エリア5　福岡市東区（貝塚・箱崎）

福岡県の注目エリア6　糟屋郡新宮町

熊本県の注目エリア1　熊本市中央区「下通」「上通」エリア

熊本県の注目エリア2　熊本市西区・JR熊本駅周辺

2030年、
不動産市場に何が起こるか？

異次元の「三極化」時代がやってくる

↓価値の下がりにくい物件とは？ P46～

「自治体格差」が浮き彫りに

↓伸びる自治体の見きわめ方は？ P71～

「買うなら中古」が当たり前になる

↓価値の下がりづらい中古マンション選びのヒントは？ P79～

戸建の需要は全般に下落する

↓資産価値を保ちたいなら何が必要か？ P134～

住宅ローン金利はじわじわと上がる
↓変動金利のままでよいのか？　P200～
不動産投資は立地が良ければ視界良好
↓ほぼ確実に値上がりする物件とは？　P204～

2030年頃になると、不動産市場を取り巻く環境は大きく変わっているでしょう。不動産価格を決定づけるのは需要と供給のバランスや景気動向。特に、人口の増減の影響は大きく、海外からの移住者や投資家の動向も大いに関係します。

序章では、2030年に予想されるさまざまな変化を、7つのポイントに絞って見ていきます。

変化1 少子高齢化・人口減少が一段と進み、コンパクトシティが誕生へ

まず、もっとも大きな変化と言えるのは、少子高齢化と人口減少のさらなる進行です。日本の人口の推移を遡《さかのぼ》ると、初めて1億人を上回ったのは1967年のこと。そこからじわじわと増え続けて、2008年には1億3000万人近くとなり、ピークに達しました。しかし、2005年からは死亡数が出生数を上回るようになり、2010年以降は減少の一途をたどるように。国立社会保障・人口問題研究所の「日本の将来推計人口（令和5年推

2030年は高齢化率がさらに高まる

年齢3区分別人口割合の推移
―出生中位（死亡中位）推計―

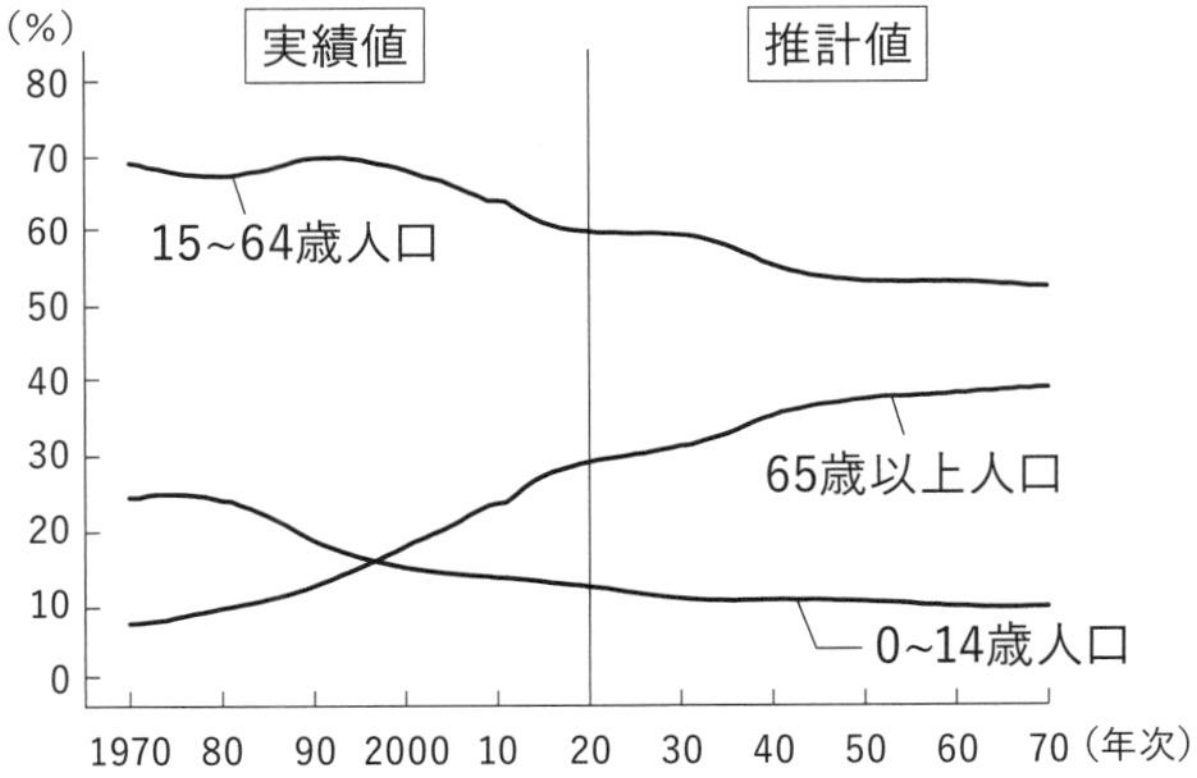

出所：国立社会保障・人口問題研究所「日本の将来推計人口（令和5年推計）」

計)」によると、2020年国勢調査では1億2615万人だったのが、2056年には1億人を割り、2070年には8700万人に減少すると見られています。2030年時点の人口は約1億2011万人と予想されていますが、うち30%以上が65歳以上となり、生産年齢人口は約7075万人にとどまります。

こうしたデータを見ても、この先国内における不動産の買い手が減少するのは確実です。**日本の土地資産の総額は、1994年には2000兆円近くもありましたが、近年は半減し、大幅に減少しています。**

一方で、最近は都心部のマンションバブルが話題です。日本全体で見ると土地資産総額が大きく下がっているのに、一部ではマンションバブルが起きている。要するに、**エリアによる「不動産格差」が拡大しているということです。**

人口が減れば、すでに過疎化しているエリアからはさらに人がいなくなります。広いエリアに人がまばらに住んでいる状態は、自治体にとって望ましくありません。各種インフラの整備やゴミ収集などの行政サービスを効率的に提供しづらいからです。

そこで、前々から必要性が叫ばれているのが「立地適正化計画」です。医療・福祉・商業

「立地適正化計画」とは?

従来の土地利用の計画に加えて、居住や都市機能の誘導により「コンパクト・プラス・ネットワーク」の形成を目指すもの。

コンパクト・プラス・ネットワークが実現したときのイメージ図

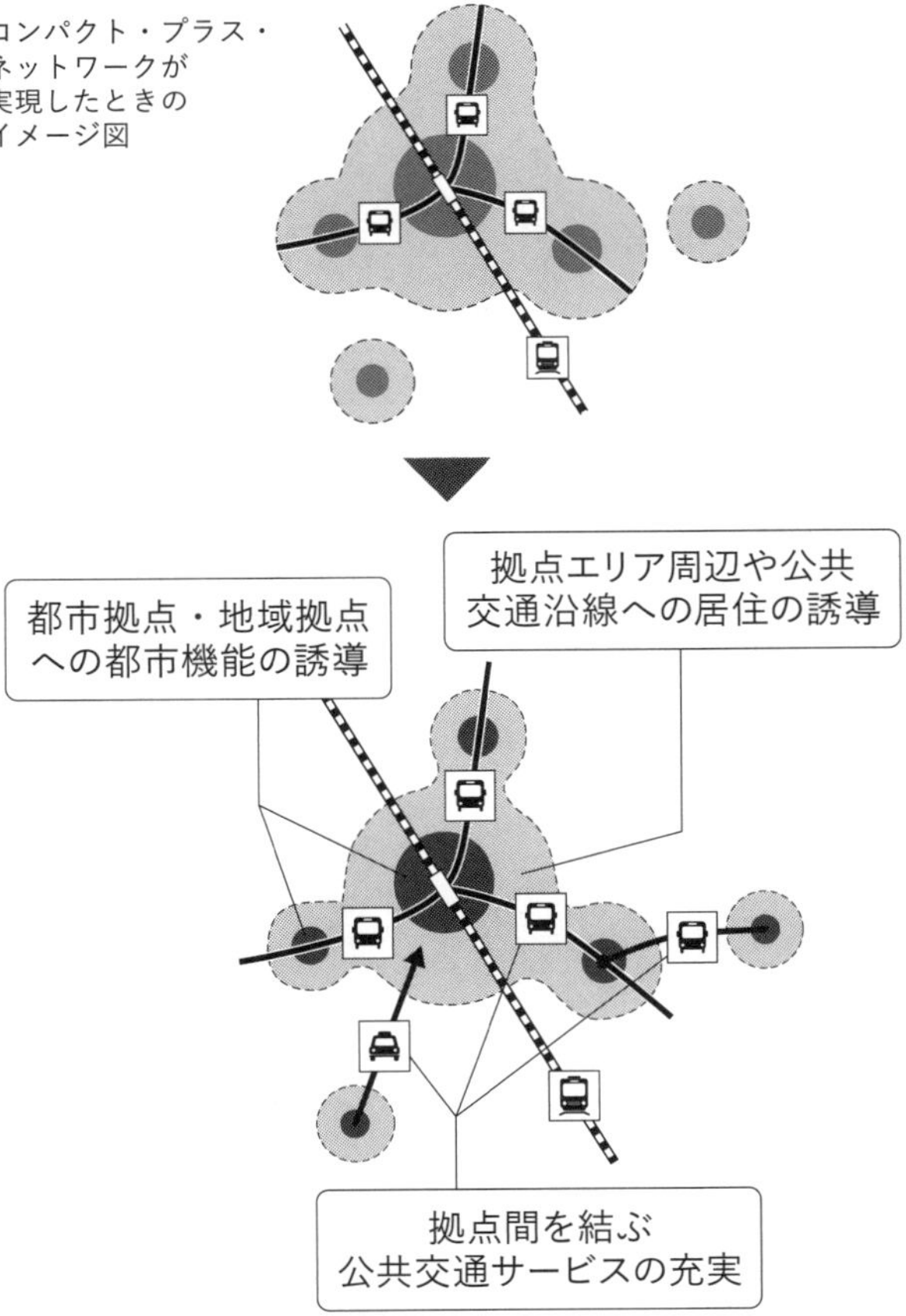

出所：国土交通省「立地適正化計画の手引き」

施設などと居住誘導区域を近接させ、公共交通ネットワークを効率的に配備し、コンパクトシティを実現するための構想で、郊外エリアなどではすでに多くの自治体が計画を策定しています。

最近、「バスが減っている」というニュースをよく見聞きしますが、人手不足でバス運転手のなり手も少ない中、路線バス事業者にとって乗客数が少ない赤字路線を存続させるメリットはありません。コンパクトシティが実現されれば、バス路線の廃止で交通弱者が増えてしまう問題も解決できるでしょう。

コンパクトシティのエリア外では自治体がコミットしなくなるため、新たにそこに住もうとする人がいなくなり、不動産の資産価値はなくなります。よって、エリアによる不動産格差はさらに極端なものとなるはずです。

これまでは計画段階でなかなかドラスティックな動きは見られませんでしたが、2030年頃からは本格始動し、ゆくゆくは日本のあちこちにコンパクトシティが誕生すると予想されます。

変化 2

金利はじわり上昇。株価も上昇見通しだが金融リセット懸念も

２０２４年秋の時点で、変動金利に影響する短期プライムレートが引き上げられ、変動型のローン金利の上昇が話題になりました。本書が出版されるタイミングや２０３０年時点での金利、それに株価や為替の水準を正確に言い当てることはできませんが、各種データなどを読み解いていくと、長期的な展望を描くことは可能です。

金利に関して言うと、すでにマイナス金利は解除されており、今後は利上げに向かっていくことになるでしょう。ただ、それは一定のインフレが続き、人々の給与所得がきちんと上昇していることを確認したうえでの慎重な判断になるはずです。短期間で大幅に利上げすると、国債を大量保有する日銀は債務超過に陥って自分の首を絞めることになるので、現時点で変動金利の住宅ローンを組んでいる場合でも、まだそこまで警戒する必要はありません。

ただ、仮に２％、３％という幅で利上げが実施されると、ローンを組んで住宅を購入する

人にとってはかなり負担が増えるので、住宅価格の下押し圧力になります。

これは都心からやや離れた郊外エリアに関して言えることであり、都心一等地に関しては、それくらい利上げしても住宅価格が大きく下落することはないでしょう。都心一等地の物件を買うことができるのは富裕層であり、国内外の投資家であり、多少負担が増えたところで購入を踏みとどまるとは考えにくいからです。

都心一等地にあるマンションの平均価格を吊り上げている要因の一端は、このところ少しずつ増えている販売価格10億円超えの超高額物件にあります。一般的に、住宅ローンの借入上限は1億円で、それより高額の融資を実施している金融機関でも、さすがに個人に対して10億円は貸してくれません。つまり、10億円を超えるような物件を買っているのは、ローンを組まずに即金で購入できる層であり、彼らにとってローン金利の変動は何の意味も持たないのです。

ところで、教科書的には「金利が下がると株価は上がり、金利が上がると株価は下がる」と言われます。このとおりだとすると、今後利上げ局面になった場合に株価が下がるのではないか、と心配する人もいるかもしれません。

私は逆に、これからの日本株には上昇につながる材料のほうが多いと見ています。「はじめに」でも述べたように、今後の世界経済におけるアジアのプレゼンスは高くなる見通しで、日本もその恩恵を受けるでしょう。日本はアジア随一の先進国であるため、投資家からしてみると資金の預け先として安心感があります。

また、今後の政局次第ではあるものの、ここから先は米国株や米ドルが弱含み、「とりあえず米国に投資しておけばいい」という米国礼賛一辺倒のムードが激変する可能性も大いにあります。ＢＲＩＣＳが台頭していることに加えて、米国国内にはあらゆる意味での分断があり、今後の没落を示唆する要素は数え上げるとキリがありません。

実際に米国が没落への道をたどり始めれば、緊急避難的に円が買われることが想定されます。マーケットでは「円安になると株価は上がり、円高になると株価は下がる」のがセオリーとされています。日本は輸出企業が多く、円安になると海外で稼いだ外貨を円に戻したときの売上高が増えるから、株高につながるというのがその根拠です。

実際には日本は内需偏重の国であり、ＧＤＰの実に85％までも内需が占めています。円安は輸出額の増加につながる一方で、輸入品の価格を押し上げます。ここ数年の日本は連続して貿易赤字が続いていますが、2022年から円安相場が始まっていたにもかかわらず貿易赤字だということは、輸入品の高騰を輸出の増加によってカバーできていないことを意味します。よって、本来的には円高で株価が上がるほうが自然とも考えられるでしょう。

過去には、リーマン・ショックや東日本大震災の直後などに大幅な円高になりました。いずれのタイミングでも株価は大きく下落していたため、円高だと株価が下がるという法則は正しいように見えますが、歴史的な有事のときと平常時の円高とでは意味合いが異なります。

有事の際は、国内で円がたくさん必要になることから、海外の株式や債券などが売却され(円が買い戻され)、必然的に円高になります。一方で株価はまず間違いなく下落するので、日本における有事の局面では原則として円高・株安になります。

しかし、平常時に為替が円高に振れたからといって、全体相場で株安になることには裏づけとなる理由がありません。しかし、マーケットでは「円高→株安」というのが、突っ込んだ検証もされないまま共通見解とされています。

この矛盾は近い将来、修正される日が来るでしょう。多くの人が円を買うから為替は円高になる。買われた円が日本株や日本の不動産に回っていくことで、株高や不動産市場の上昇につながる。これが矛盾のない構造です。この修正が実現すれば、円高かつ株高となり、世界のマーケットの中で日本株が一人勝ちすることになるかもしれません。

ただ、日本株が独歩高でバブルが起こったとしても、いずれ世界的なグレート・リセットが起こり、1990年のバブル崩壊や2008年のリーマン・ショックのような歴史的な金融危機をはるかに超えたレベルで大暴落する可能性もあります。

グレート・リセットで金融システムがリセットされても、すでに内憂が広がっていた西側諸国などと比較すると、日本が受ける影響は小さくて済むと予想されます。しかし、株などのペーパーアセットに対する価値観は大きく変わるでしょう。

一方で、不動産のような実物資産は、自然災害などの特殊要因を除き、一夜にして価値が激減するリスクが低いもの。その意味で、**日本の不動産は中長期的に有望**と言えるのです。

変化3 外国人投資家の日本市場参入がますます増えていく

外国人投資家も、日本の不動産に注目しています。地震や洪水などの自然災害が多い日本ですが、それでも他国と比べればカントリーリスクが低く、魅力的な投資対象と見なしているためです。

数としては、隣国の中国人投資家が圧倒的に多くなっています。それ以外だと、欧米のほか、最近ではその他のアジア諸国（台湾、シンガポールなど）出身の投資家も珍しくありません。さまざまなタイプの物件が買われている印象ですが、顕著なのは都心部のタワマンです。これまでの円安の後押しにより、高額物件を爆買いする外国人投資家が増えましたが、今後、為替が円高に振れても日本の魅力は揺るがず、不動産投資も加速していくでしょう。

ちなみに、現時点の日本では10億円を超えるような超高額物件というとまだ数が少ないですが、先進国の主要都市には、富裕層をターゲットにした超高額物件がたくさんあります。

たとえば、ニューヨークでもっとも高層の住宅用ビル「セントラルパーク・タワー」最上階のペントハウスは、２億５０００万ドル（１ドル＝１５０円で計算すると、日本円にして３７５億円前後）という異次元の販売価格で世界的に話題になりました。

２０２３年に竣工した東京都港区の麻布台ヒルズのレジデンスは、販売価格が最高２００億円以上と報道されましたが、日本でも今後、このような超富裕層・投資家向け物件の供給が増えていくと考えられます。

日本の不動産を買っている外国人投資家は、10億、１００億という単位のお金を即金でポンと出せる並外れた富裕層ばかりではありません。最近は、一部の外国人の間で、日本の空き家に対する関心が高まっています。ご存じのとおり、日本では住み手のいなくなった戸建の空き家が急増しています。郊外に行くと、そうした物件を激安で入手できるため、伝統的な和風のしつらえの民家（日本人の普通の感覚からすると、古めかしい昭和のボロ家）を安く買い、ＤＩＹして住んだり、民泊にして貸したりする事例が増えてきているのです。

駅前の豪華なタワマンと郊外にある古い戸建――両極端ではありますが、これらは２０３０年以降も外国人投資家の関心を集め続けるでしょう。

変化4 在留外国人の増加が加速し、やがて10人に1人が外国人に

投資家だけではなく、在留外国人の増加も加速しています。2023年末の統計によると、日本の在留外国人数は340万人を超え、過去最高を更新。過去10年というスパンで見ると100万人以上の増加です。インバウンドの増加により、街中で外国人の姿を見る機会が増えて久しいですが、増えているのは観光客ばかりではないのです。

加速度的な増加の背景には、外国人材を獲得するための制度が整備されたことなどが関係していますが、今後も労働力不足の解消を目指す政府の施策により、外国人の移住は増え続けるでしょう。2067年頃には日本の人口の約1割が外国人になるという推計も出されていますが、すでに政府の想定を上回るペースで増加が続いているため、1割に到達するタイミングはこの推計より早まりそうです。

在留外国人の国籍でもっとも多いのは中国で、現状、外国人の4人に1人は中国人です。

その多くは東京、あるいはその近郊エリアに在住しています。口コミで中国人のコミュニティが築かれている埼玉県・川口市の芝園団地のように、住民全体に占める中国人の比率が非常に高いマンション・団地も、あちらこちらに増えつつあります。

湾岸エリアの豊洲も、前々から中国人に人気の街です。このところ中国経済は悪化が懸念され、富裕層の国外脱出も顕著になっていますが、その脱出先の一つとして日本が選択されているのです。

都心3区（千代田区・港区・中央区）・5区（千代田区・港区・中央区・渋谷区・新宿区）のタワマンに住む中国人は富裕層か準富裕層レベルであり、彼らはおしなべて教育熱心です。たとえば、メディアではしばしば日本の中学受験の過熱ぶりが話題になりますが、その中学受験の世界で年々存在感を強めているのが中国人受験生です。

このところ〝御三家〟と呼ばれる男女別学の名門校や、難関大学の付属校などには、中国人の生徒が増加。一学年に数十人という単位で中国人の生徒が在籍する学校もあるといいます。今後も中国人の移住者が流入し続ければ、少子化が進行しても受験戦争は熾烈を極め続けることになるかもしれません。そうなると、名門校に通学しやすい都市エリアの好立地物件は、引き続き中国人ファミリーからの引き合いが強くなるでしょう。

移民問題による欧米の大都市の荒廃などで、相対的に日本の都心部の魅力が高まっていることから、中国に限らず世界中から外国人の移住は増えそうです。

ちなみに、東京の新宿区では、住民全体に外国人の占める割合がすでに1割を超えており、街を歩くと外国人が非常に多いという印象を受けます。その新宿区では「多文化共生実態調査」として、外国人住民と日本人住民に定期的にアンケートをとっています。その中に、日本人住民に「近所に外国人が生活すること」についてどう思うかを問う項目があるのですが、「好ましい」という回答が「好ましくない」を大きく上回っており、人々が外国人との共生になじみつつあることがわかります。年齢が低いほど好ましいと感じる割合は高く、世代が変わった未来の日本では、外国人に対する心理的ハードルは大幅に低下しているかもしれません。

一方で、埼玉県・川口市ではクルド人などのトルコ系移民とのトラブルが続発。単一民族国家から外国人と共生する社会へと移り変わる過程は、そう平坦ではないでしょう。

変化5

好立地マンションの供給がほとんどなくなる

今、都市部の不動産選びでもっとも重視されているのは利便性です。駅からの距離は近ければ近いほどよく、一等地の場合はどんなにボロボロの建物でも、駅から徒歩1分などの好条件であれば買い手がつきます。これから不動産買う場合も、出口戦略を意識するのであれば、なるべく駅に近い物件を選ぶと値崩れしにくいでしょう。

ただし、エリアごとに濃淡はあります。たとえば、都内屈指の人気エリアである東京都港区の場合、最寄り駅から15分くらい離れている物件でも買い手はつくでしょう。港区の高級住宅街は駅から遠いところにもあります。一方、同じく都内23区内であってもたとえば千葉寄り・埼玉寄りのエリアになると、最寄り駅から徒歩15分では、将来的に売りたくなっても売れないリスクが大。最低10分、できれば7分以内で駅まで行けるエリアで物件を探すべきです。

駅周辺といえば戸建ではなくマンションという選択になる可能性が高いですが、都心部の駅周辺には新たにマンションを建てられる土地がほとんどなくなっています。都心から多少離れていても、ターミナル駅や人気のある駅の周辺は同様。すでにできあがっている好立地マンションのストックには限りがあるので、２０２５年の時点で分譲マンションの良い部屋は争奪戦です。

新築はもちろん、中古でも好立地物件は価格は下がるどころか上昇傾向です。これが２０３０年頃になると、好立地マンションの供給はほとんどなくなり、あっても手が届かないほど高額という状況になっているでしょう。

変化6

住宅ローン控除の制度が変更される可能性

2025年時点で、住宅ローンを利用してマイホームを購入する際、所定の条件を満たしていれば住宅ローン控除が適用されます。現状では「年末時点の住宅ローン残高の0・7%」が、入居時から最長13年にわたって税額控除されます。大幅な減税となるため、またの名を「住宅ローン減税」といいます。

あるのが当たり前のように感じられる住宅ローン控除ですが、恒久的な措置ではないので、**税制改正によって消滅することも考えられます**。実際、民主党が政権を握った際には、当時の代表が住宅ローン控除の廃止に言及したこともありました。

そもそも住宅ローン控除は、国民に住宅購入を促すことなどを目的として導入されたものです。控除額はその時々の景気に連動して変化しており、デフレ下で景気の悪化が深刻だった時期には、今より控除額が拡大されていました。

しかし、今の日本には一部エリアを除けば安い不動産も多く、高望みをしなければ家を買えないということはありません。また、住宅ローン控除でもっとも恩恵を受けるのは、構造上、多額のローンを借りた（＝借りることができた）高額所得者層です。

そのように考えていくと、住宅ローン控除は必ずしも必要不可欠な施策とは言えません。不動産関連の業界団体などとのしがらみにより、簡単には廃止されないものと考えられますが、グレート・リセットが起こり、そういったしがらみのようなものもリセットされたところで、廃止になることは十分考えられます。

住宅ローン控除などの住宅購入にまつわるさまざまな優遇がなくなり、さらに利上げ局面に突入したとき、都心一等地以外の住宅価格は下落するでしょう。

変化7
地方にもタワマンの波が押し寄せる

タワマンの総数が圧倒的に多いのは東京です。次いで多いのが大阪、神奈川、兵庫、千葉、埼玉といったところ。いずれも日本の中では特に人口が密集しているエリアですが、**実はそのほかの大部分の道府県にも、すでに多くのタワマンが建設されており、その数は少しずつ増加し続けています。**原則として、タワマンは駅前・駅近の好立地に建設されるため、新幹線の停車駅周辺などには高確率でタワマンがそびえ立っています。

地方でタワマンが増えていることには、いくつかの理由が考えられます。まず、デベロッパーが都心部で新築のタワマンを供給できなくなり、地方に流れてきているというのが一点。加えて、自治体のニーズも挙げられます。都心ほど人が多くないエリアにわざわざタワマンを建てる必要があるのか、と思われるかもしれませんが、今、多くの地方都市では郊外から市の中心部に人口が回帰する現象が見られています。

一人暮らしが困難になり、車の運転も難しくなった高齢者の場合、利便性の高い駅前に移り住んだほうが安心・安全です。自治体としても、タワマンが建つと人口が増え、地価の上昇も見込めますし、人口密度が高くなるため行政効率がアップ。つまり、コンパクトシティ計画の促進に役立てることができるため、タワマンを歓迎しているケースが多いのです。

他方で、兵庫県・神戸市は2020年に市中心部におけるタワマン建設を規制し、大方の流れに逆行する動きを見せています。中心部にはタワマンよりもオフィスや商業施設を設けることを目指し、近郊のベッドタウンにテコ入れすることで、市全体にバランスよく人を呼び込もうという狙いがあるもよう。このように、生き残りをかけた自治体の都市計画もさまざまです。

地方都市のタワマンは、そのエリアの中の高額物件であることは間違いありませんが、東京などの一等地物件と比較すると、かなり手の届きやすい価格設定になっています。2025年時点で、都心にある新築タワマンの販売価格は1億円をはるかに超えています。タワマンは管理費や修繕積立金といったランニングコストも、普通のマンションの1・3～1・5倍程度高くつくので、かなり世帯年収が高くなければ住み続けるのが難しいものです。

これに対し、地方都市のタワマンは高層部を別にすると、1億円未満で買える住戸もたくさんあります。もちろん、ランニングコストは高額なので、地元でも裕福な層がターゲットになりますが、極端な富裕層でなくとも、駅近・新築のタワマンが買えるのは魅力的です。

都心部では、一等地のタワマンに住んでいることが一種のステータスになっていますが、それは地方都市でも変わりません。2030年以降もタワマン人気は続き、タワマンならば不動産の価値が毀損しづらいという状況が続いていくでしょう。

さて、ここまで少し先の未来に起きているであろう変化を予測してみました。これはまだ、変化の一端をかいつまんで取り上げただけに過ぎません。本編では、2030年の不動産市場で起こるであろうことを、さらに深く掘り下げて見ていきましょう。

不動産の「三極化」がますます進行する

2030年頃になると、不動産市場においては多くのマクロな変化が生じます。あらゆる意味での格差が広がり、今の常識が通用しなくなる場面も増えていきます。第1章では、具体的にどのような格差が顕在化してくるか解説していきましょう。

まず、日本の不動産市場では「三極化」が進行します。「上がる地域」と「下がる地域」の二極化が指摘されることは多いですが、より正確には三極化です。かなり前から三極化は始まっていましたが、2030年頃もまだ続いていて、それぞれのコントラストはより鮮明になっているはずです。

日本の土地は、次の3種類に分かれます。

●価格維持・あるいは上昇する地域

不動産の「三極化」はどう進行するか？

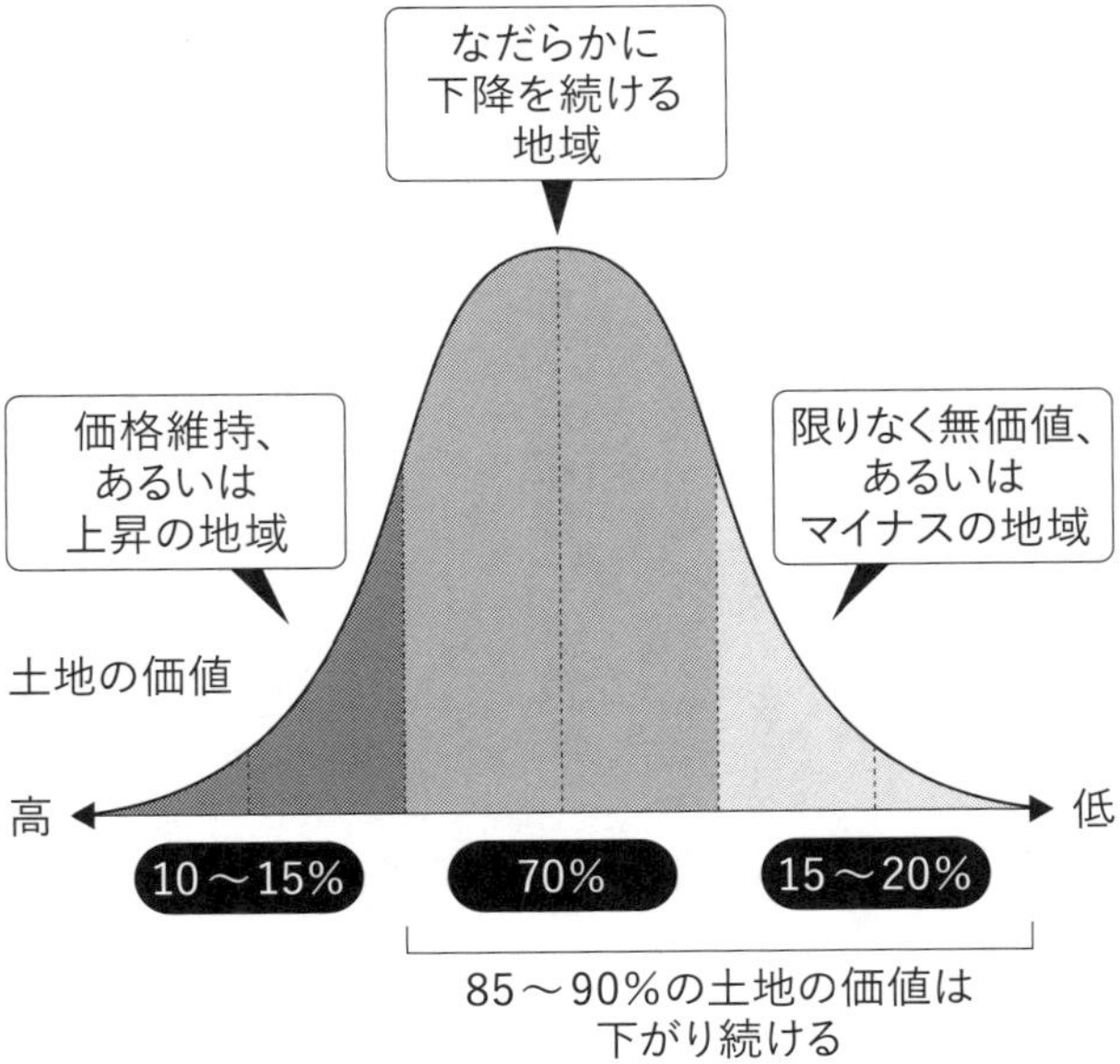

出所：さくら事務所

●なだらかに下落を続ける地域
●限りなく無価値、あるいはマイナスの地域

価格維持・上昇の地域は全体のわずか10～15％に過ぎません。70％の土地の価値は下がり続け、残りは無価値、あるいはマイナスになります。

高騰しているのは「都心」「駅前・駅近」「大規模」「タワー」

では、どんな場所が「価格維持・あるいは上昇する地域」なのでしょうか。これは、誰でも簡単に思いつくとおり、都心・駅前（駅近）に代表される好立地エリアです。また、利便性は悪くても魅力的な観光資源を有するエリアでは、やはり上昇が見込めます。

不動産選びでもっとも重視されるのは利便性です。「職住近接」の志向が強まり、勤務先のある都心部に近い街の駅近に住みたいというニーズは強いもの。東京でいうと、港区・千代田区・中央区の「都心3区」、それに渋谷区と新宿区を加えた「都心5区」は、日本でもっ

とも路線価が高いエリアです。いずれもオフィスや大規模商業施設が多いため、駅近の住宅といえば必然的にマンションになります。

今、**高騰している住宅の多くは「都心」「駅前・駅近」「大規模」「タワー」の4大条件を満たしています。**都心5区の駅近にある大規模なタワマンは、住宅市場における価格ピラミッドのトップ付近に位置します。新築はもちろんですが、築10年程度の中古でも、新築時の3倍もの価格で取引されるような物件が出てきています。

価格が3倍になったのは東京都千代田区のマンションですが、都心3区や5区の中古マンション価格は、この10年で平均して約2倍になっており、リセールバリューの高騰が著しいことがわかります。

現状、都心のタワマンはファミリータイプの部屋となると新築でなくても1億円は下らないため、投資目的ではなくマイホームとして購入したい実需層の大半には手が届きません。ニッセイ基礎研究所の定義によると、ともに年収700万円以上の共働き夫婦をパワーカップルと呼ぶそうですが、1億円超えの物件をこの年収基準をギリギリ超えるレベルの世帯が購入するのは、かなり難しいところ。しかも、不動産価格は株価と連動性があるので、序章で予想したとおりに株高となれば、もう一段の値上がりを見せることも考えられます。

今後の都心エリアでは、これらの高額物件を上回る超高額物件の新築も相次ぐでしょう。現状、日本には10億円、50億円、100億円超えのような超高額物件が少ないですが、ニーズは確実に潜在しています。都心一等地の高級賃貸物件を見ても、家賃が月300万円もするような部屋で入居希望者が複数集まり、抽選になることがあります。一部の部屋の販売価格が200億円以上と報道された、東京港区にある麻布台ヒルズのレジデンス級の超高額物件が登場しても、国内外の富裕層や投資家が買い手として名乗りを上げるはずです。

地方都市も、駅前・駅近エリアは上がる可能性

ここまでのレベルの物件は東京が中心になりそうですが、2024年には大阪のタワマンで25億円の部屋に申し込みが複数寄せられたそうです。潜在ニーズの高さを浮き上がらせており、大阪でも10億円超えの物件の供給は増えるでしょう。

三極化はフラクタル構造で進行しているため、東京や大阪といった大都市圏以外の地方都

大阪駅北側に建設中のタワーマンション「グラングリーン大阪 THE NORTH RESIDENCE」には25億円の部屋も

市でも、駅前・駅近エリアの再開発や観光客誘致の成功などによって地価が上がっているエリアは、日本中に点在します。

代表的なのは、北海道の富良野や沖縄県の宮古島、それに長野県の白馬村などで、いずれも２０２４年発表の公示地価の上昇率ランキングで上位に入りました。このランキングではトップ10の大部分を北海道の自治体が占めており、インバウンド需要の拡大が大いに影響していると見られます。

住宅地の上昇率上位をみてみると……

地価変動率上位順位表（全国、住宅地）　　　　（価格：円／㎡、変動率：％）

	県名	所在地	令和5年公示価格	令和6年公示価格	変動率
1	**北海道**	富良野市北の峰町4777番33	38,700	49,500	**27.9**
2	**北海道**	千歳市栄町2丁目25番20	62,000	76,500	**23.4**
3	**沖縄県**	宮古島市上野字野原東方原1104番	8,910	10,800	**21.2**
4	**北海道**	千歳市柏陽2丁目3番11	17,000	20,500	**20.6**
5	**北海道**	帯広市大空町1丁目6番13	14,700	17,700	**20.4**
6	**北海道**	千歳市緑町3丁目13番	50,000	60,100	**20.2**
7	**福岡県**	福岡市博多区麦野3丁目5番3	163,000	195,000	**19.6**
8	**長野県**	北安曇郡白馬村大字北城字堰別レ827番36	13,300	15,900	**19.5**
9	**北海道**	千歳市花園5丁目33番	61,500	73,500	**19.5**
10	**北海道**	中川郡幕別町札内あかしや町47番23	22,600	27,000	**19.5**

出所：国土交通省「令和6年地価公示の概要」

郊外や駅からやや遠いエリアはなだらかに下落の見込み

続いて、「なだらかに下落を続ける地域」に該当するのは、都心からやや離れたエリアです。観光地などを除き、不動産価格は都心からの距離、それに最寄り駅からの距離に応じて決まります。

昔から、東京の都心に通勤する人は手頃な物件を求めて、東京の都下や神奈川、埼玉、千葉、茨城といった郊外の住宅街に流れてきました。平成バブル期には、都心で異常なまでに不動産価格が高騰しましたが、その余波で国道16号を越えたエリアを含む広範囲で地価が上昇。首都圏を環状に走る国道16号は、都心から約30㎞圏の1都3県を通り、沿道には神奈川県の横浜市や横須賀市、東京都の町田市、八王子市、埼玉県の川越市、さいたま市、千葉県の千葉市、柏市などがあります。沿道都市の人口を合計するとざっと1000万人とも言われ、日本の中でも特に人口が密集するエリアです。

２０２５年初頭時点で都心部のマンション市場はバブル的な高騰を見せ、値上がりしすぎて買えなくなった層が少しずつ都心を離れて物件を物色することから、周辺エリアの不動産価格も上がっています。

それでも、平成バブルの頃とは異なり、国道16号を越えるエリアまでは上昇の波が押し寄せていません。今後も押し寄せることはないでしょう。国道16号を越えるエリアでは、主要駅の駅前など一部の例外はあるにせよ、全般的に地価は下落基調です。

国道16号の外では売るのも貸すのも難しくなる

国道16号は、不動産業界で「ルビコン川」と呼ばれています。「ルビコン川を渡る」とは、後戻りのできない道を進むことを意味する決まり文句で、「ブルータス、お前もか」のセリフでおなじみのカエサルの決断に由来しています。不動産業者からしてみると、国道16号を渡るのはルビコン川を渡るようなもので、渡った先のエリアでは不動産を売るのも貸すのもかなり難しく、厳しい戦いになるというのが共通認識なのです。

国道16号の外側エリアで車を走らせていると、駅から離れたエリアにいくつもアパートが

日本の人口は国道16号内に集中する

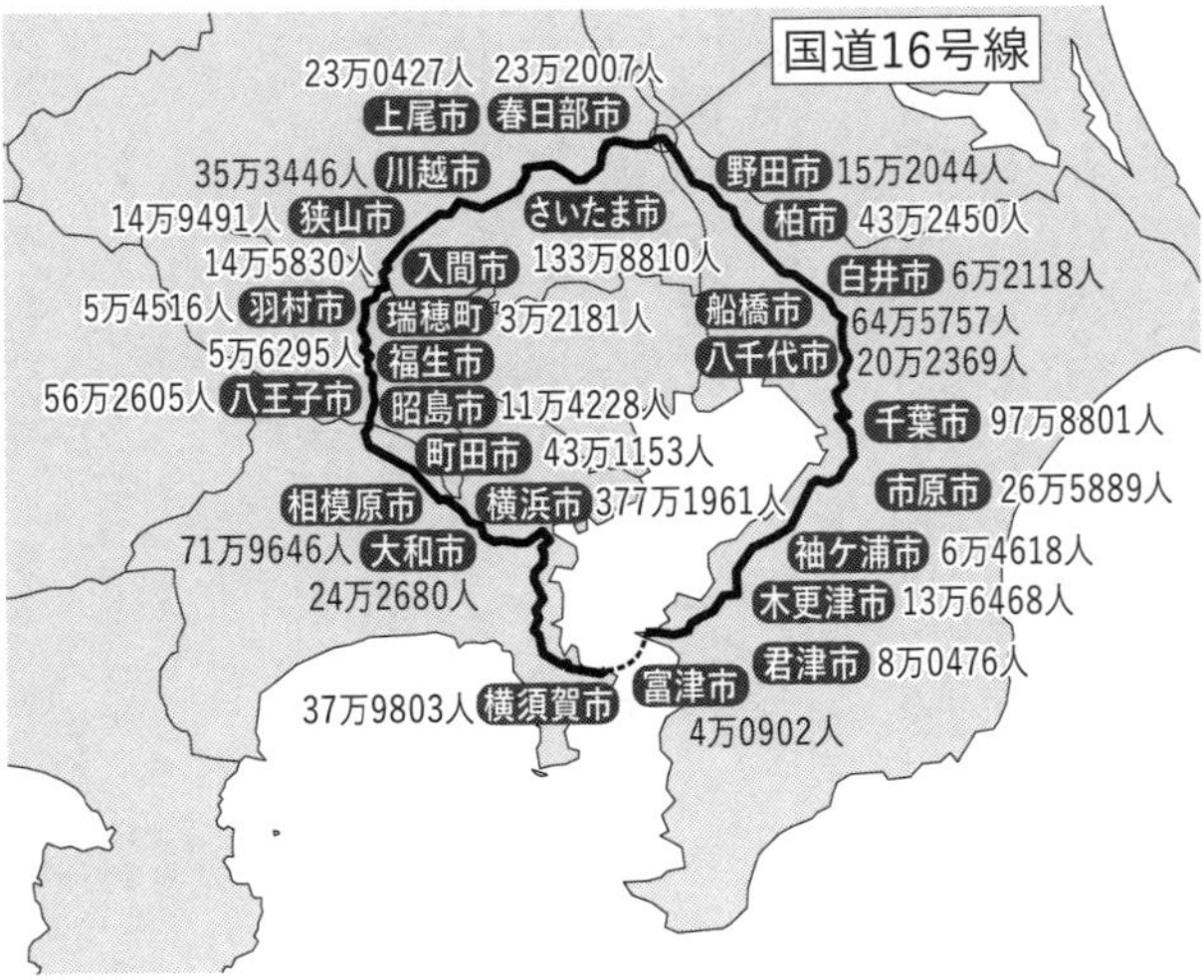

出所：日経クロストレンド「1000万人商圏、国道16号ブームは本物か?　沿線が業界再編の舞台に」 ※人口は2022年10月1日時点の住民基本台帳から

並んでいるのを見かけることがあります。こうした物件は、アパートを一棟丸ごと買っても3000万円くらいだったりするので、手頃さと目先の利回りなどに惹かれて投資する人もいます。

しかし、このような下落必至のエリアで、長期にわたってコンスタントに家賃収入を確保し続けるのは難しいもの。借主を確保するために家賃を下げざるを得ず、利回りが低下したり、空室だらけになって借金だけが残ったりするリスクもあるため、投資対象として魅力的とは言えません。

「郊外で駅から徒歩15分以上」は急ピッチで値崩れも

国道16号の内側の主要駅の駅前・駅近エリアは、今後も価格上昇の可能性があります。ただ、駅から離れれば離れるほど地価の下落は急ピッチになるでしょう。

東京都心の港区であれば、駅から徒歩15分かかる物件でも買い手がつきますが、国道16号近辺の郊外エリアで駅から15分となると、買い手は激減します。理想は徒歩7分以内。10分までが限界でしょうか。

東京23区内であっても、埼玉や千葉寄りのエリアでは同じことが言えます。買い手がつかなければ物件価格は下がることになりますから、値崩れのペースは速くなります。

東京23区内の世田谷区のような人気エリアでも、やはり駅から15分以上や、バス便利用必須のエリアは、この先どんどん敬遠されるようになるでしょう。

たとえば、世田谷区の岡本という地区は、昔から芸能人などの富裕層がたくさん住んでいる高級住宅街です。しかし、少し前の基準地価では、地価の下落率が東京23区内の住宅地としてはトップに。閑静な〝お屋敷街〟で、二子玉川などのブランド力の高い街が近隣にありながらもこのような現象が起きているのは、最寄り駅までの所要時間が20分超と、かなり遠いことが関係しています。

世田谷区の駅徒歩20分より、千葉や埼玉の駅近タワマンが有望

一昔前まで、原則として車移動の芸能人や経営者は、駅からの距離を気にする必要がない

ため、緑が多くて住環境が良い駅から離れたお屋敷街を好んでいました。しかし、今の富裕層はお屋敷街の戸建よりも、ラグジュアリーでセキュリティにも配慮された都心のタワマンを選ぶのがスタンダードに。結果、お屋敷街の地価は下落。同じことは、成城や田園調布などのエリアでも起きています。

もちろん、今でも一定のブランド力はあるので、郊外の駅から遠いエリアと比べればゆるやかな下落になるでしょう。しばらくは買い手がまったく見つからないということもないと思います。

しかし、長期的には世田谷のバス便エリアより、千葉や埼玉の主要駅前で地域のランドマーク的な存在になっているタワマンのほうが有望です。これからも若年層は駅周辺エリアを選ぶ傾向が続いていくので、駅から遠いエリアでは高齢化が進行。街として活気を失っていく未来が見えるのです。

都心からやや離れた人気の住宅街で高額の建売戸建を買い、懸命に住宅ローンを払い終えた頃に定年退職。そこからしばらくして老人ホームに移りたいと考えたとき、家を売って資金を作ろうにも、出した金額からするとかなり少額でしか売れずに愕然《がくぜん》とする――このようなケースは、残念ながら増えていくでしょう。

とはいえ、価格を維持、あるいは上昇も見込めるような物件は、ほとんどの実需層にとって高嶺の花であり、希望したところで買えない可能性が高くなります。そのため、多くの人はセカンドベストとしてなるべく価値の落ちなさそうなエリア、あるいはなだらかに下落するエリアの中から、将来的な下落のペースがそこまで急激ではなさそうなところを吟味して選ぶことになります。

過疎化が進む地域では、ほぼ無価値に

最後に、「限りなく無価値、あるいはマイナスとなる地域」ですが、これは全体の15～20％にも及びます。

具体的には都心から離れた地方都市のさらに郊外エリア、最寄り駅から車でかなりの時間をかけなければたどりつかない山間部などでは、すでに過疎化が進んでいます。高齢化率が極めて高く、若年層の呼び込みもうまくいっていない地域では、いずれコンパクトシティの

域外となって自治体も関与しなくなり、ほぼ確実に廃れていきます。

こうしたエリアでは空き家が急増しており、不動産はバーゲンセール状態です。各自治体は、インターネット上などで空き家物件情報を提供する「空き家バンク」という取り組みを行っていますが、そこそこの広さがありながら土地・建物合わせて200万〜300万円で買えるような物件、安いものだと100万円を下回る物件もたくさん登録されています。

古い建物にはほとんど資産価値がないので、大部分が土地の値段ということになりますが、首都圏の国道16号の内側にある都市でも、最寄りがマイナー駅、なおかつ駅から15分を超えるエリアだと1000万円台、もしくはそれ以下で買える空き家があります。空き家バンクにはマンションも登録されていますが、大部分は戸建です。このような空き家戸建は増える一方なので、何でもいいからお金をかけずにマイホームを手に入れたい人からすると、選びたい放題です。

ただ、買うのはよくても将来自分が売ろうとしたとき、かなりの確率で苦戦することになります。コンパクトシティの域外となれば資産価値がほぼゼロになると予想できるため、まったく買い手がつかずに延々と保有し続ける羽目になるかもしれません。

自ら買わないとしても、立地の悪い実家を相続で否応《いやおう》なしに引き継ぐことは多いでしょう。住むつもりがまったくないなら、なるべく早く売却するべきですが、売りたくても売れない場合、相応の対処が必要。空き家は管理するにしても更地にするにしてもコストがかかります。保有しているだけで毎年固定資産税がかかるので、赤字になります。

このところ、相続人などが管理せずにほったらかしにした空き家で、庭木がジャングルのように生い茂り、獣害・虫害が発生するなどして、近隣に迷惑をかける事案も増えています。国はこの事態を重く見て、管理不全の空き家の固定資産税が最大6倍になる仕組みを導入するなど、さまざまな対策を打っています。この先、さらなる増税が課されて空き家の所有者にプレッシャーがかけられるようになる可能性もあるため、心当たりがある人は早急に対策を考えなければなりません。

新築マンションは高嶺の花、「買うなら中古」が当たり前に

これまでは戸建にしろマンションにしろ、多くの人が新築の物件を当たり前に買っていました。しかし、2030年頃になると新築の物件は当たり前ではなくなります。新築・中古の格差は広がっていくでしょう。

これはマンションについての話で、戸建は引き続き（場所によっては）新築でも買えます。詳しくは第3章でお話ししますが、そもそも戸建の人気は低下しており、2025年初頭現在、建売の新築戸建は人気ハウスメーカーのものであっても売れ行きが芳《かんば》しくありません。新築ですら売れないのですから、中古はなおさらです。

今は戸建よりも、圧倒的に駅近のマンションのほうが人気です。しかし、資源高による建築費の上昇や、インバウンドの増加に伴うホテル需要の高まりなどにより、デベロッパーはマンション用地の取得に苦戦しています。駅前・駅近の好立地の土地は有限なので、今後、新築マンションの供給はどんどん減っていくでしょう。実際、直近では都心部で新築マン

ションの供給が減少に転じています。

都心部の新築マンションはすでに高額ですが、供給が減れば価格はさらに上がります。都心のマンションバブルが弾けて価格が下がったとしても、多くの人の手が届くレベルまで落ちてくることは考えにくいでしょう。

以前なら、一般的な所得の人でも「家は新築にこだわりたい」という希望を貫くことができましたが、誰もが新築マンションを買えたボーナスタイムはすでに終わりました。ここから先は、新築マンションを買えるのはお金がある人だけ。

一般的には、買うなら中古という選択が当たり前に。「新築マンション＝手が届かない贅沢品」という位置づけに変わっていきます。

「築古物件をリノベして住む」もスタンダードに

中古でも築浅の物件は、それほど修繕することもなくそのまま住める場合が多いですが、新築が貴重な世の中では築浅の物件も希少な存在となります。反対に、築年数が30年を超えるような築古物件のストックは増える一方なので、それらをリノベーションして住むというスタイルがスタンダードになっていくでしょう。

築古物件は耐震性などの性能面での不安が付き物ですが、耐震診断を受けて耐震改修を済ませた建物であれば、まず安心と考えていいでしょう。また、購入前に建物や設備の状態、あるいは管理状況などを入念にチェックすることも大切です。

今、内装が新築同様にリノベーションされた築古物件が人気です。外観は古めかしくても、内装がスタイリッシュであれば多くの人を惹きつけますし、デザイン費用とリノベーション費用が上乗せされているものの、新築に比べればお手頃です。

ところが、おしゃれな内装だけに気をとられて設備などの確認を怠り、住み始めてすぐに不具合が見つかるケースも非常に多くなっています。特に深刻なのは漏水で、最悪の場合は階下に浸水して住民に迷惑をかけたり、修繕費用がかさんだりするリスクがあります。

2030年頃には、中古マンションを買う際に事前チェックをする意識が高まること、さらにホームインスペクター（住宅診断士）などの住宅の専門家を帯同して、物件を調査することが当たり前の世の中になっていることを期待します。

都心の賃貸住宅の賃料は1～2年遅れて高騰する

原則として、不動産の販売価格と賃貸住宅の賃料は同じ方向に動きます。ただ、同じタイミングで上下動するわけではなく、賃料相場は常に販売価格の動向に1～2年遅れて追随します。

都心ではここ10年ほどずっとマンション販売価格が上昇しているため、賃貸マンションの賃料もうなぎ上りで上昇しています。大規模災害などの予想外の事態が発生しない限り、もうしばらくはこの状況が続くでしょう。

持ち家が得か、賃貸が得かというのは、マイホーム購入を考えるうえでの永遠のテーマです。得か損かという経済合理性だけで判断するのであれば、立地によっては買ってしまったほうがお得です。

地価は三極化するとお話ししましたが、価格維持・あるいは上昇の余地もある都心・駅近の好立地マンションなら、買うタイミングは早ければ早いほどベター。今から6、7年前、2018年あたりの都心の中古マンション販売価格は平均で7000万円台でしたが、

2025年時点ではこれが1億1000万円を超えています。「あのとき買っておけば儲かったのに」と嘆いている人は多いはずです。

私が会長を務める会社・さくら事務所のオフィスは、東京の渋谷区にあります。不動産価格の高騰が著しい都心5区の中に含まれており、なおかつ渋谷駅から近い便利な立地なので、周辺の家賃相場はこのところずっと上昇基調です。

先日、このオフィスの貸家契約の更新があったのですが、事前に貸主から「賃料をこれまでの1・8倍に値上げしたい」という申し入れがありました。もともと値上げは覚悟していたものの、1・8倍となるとあまりにも高いので貸主と交渉することに。最終的には、両者が納得できる落としどころを探って妥結と相成りました。

不動産の賃貸借契約には「普通借家契約」と「定期借家契約」があり、ほとんどの物件は普通借家契約を結ぶことになっています。普通借家契約は一般的に2年ごとに契約を更新する仕組みであり、借主を手厚く保護する契約形態でもあります。たとえば、貸主が家賃を値上げしたいと要望しても、借主の合意なく一方的に値上げをすることはできません。また、貸主は値上げに応じない借主を強制退去させることもできません。

借主は貸主の値上げ要請を承諾する義務はなく、話し合っても納得できなければ、これまで通りの家賃を支払うことによって、そのまま住み続けることができます。貸主が家賃の受領を拒否した場合、そのまま放置していると家賃不払いによって強制退去させられてしまうため、法務局に賃料を託して（供託）、債務を免れるという抜け道も用意されています。

貸主と借主の双方が折れない場合は、裁判で解決を図ります。とはいえ、貸主にとっては手間もコストもかかるため、「裁判するくらいなら諦めよう」と泣き寝入りすることも多く、実際に裁判までなだれこむことはそう多くありません。

定期借家契約の賃貸住宅が増える可能性も

今、好立地の賃貸マンションに住んでいる人の中には「それなら安心だ」と胸をなでおろした人もいるでしょう。実際、長いこと都心部に賃貸で住んでいる場合、周辺に新しく引っ越してきた人と比べると、かなり割安の賃料で借りられているケースも多くなっています。

そのままそこに住み続ける分にはいいですが、引っ越して新たに物件を借りることになった場合、都心エリアに住もうとすると、家賃の高さに改めて驚かされることになるはずです。ちなみに、最近は定期借家契約の賃貸住宅が少しずつ増えています。普通借家契約と違って定期借家契約は自動更新ではなく、一定期間で契約が終了。借主がそのまま住み続けたくても、貸主が認めない場合は退去しなければなりません。

普通借家契約は借主が強い一方、定期借家契約は貸主が強く、家賃の値上げもしやすくなっています。借主が値上げに応じなければ、契約満了とともに退去させることができますし、マナーの悪い入居者を居座らせず、契約満了後に強制退去させることも可能。2030年頃には定期借家契約の物件がさらに増えていることも考えられます。

日本は超高齢化社会に突入しており、今後その傾向は加速していきますが、同時に高齢者の単身世帯の数も飛躍的に増えていきます。今現在、単身高齢者は賃貸住宅を借りにくいのが実状ですが（貸主が事故や孤独死のリスクを警戒するため）、今後はそんなことを言っていると入居者を確保できなくなるため、高齢者を排除した賃貸経営は成立しにくくなるでしょう。

ただ、高齢入居者と普通借家契約を結んだ場合、将来的に借主の認知機能が著しく低下し、何らかの問題が発生しても容易に退去を求められないとなると、貸主が難儀する恐れがあります。そんなとき、定期借家契約であれば少なくとも期間満了時には契約を解除できるため、貸主としては一定の安心感を得られます。

買ったほうが得か、賃貸が得か

話を戻しましょう。都心の好立地エリアではなく、「都心からやや離れ、最寄りの駅からも多少離れたエリア（なだらかに地価が下落する地域）」に住もうという場合、不動産を買ったほうが得か、賃貸が得かと悩む人も多いでしょう。

これは判断が難しいところです。買った直後から資産価値はじわじわと下がっていくので、トータルで考えたら賃貸のほうが得だったとなる可能性も大いにあるでしょう。資産価値が毎年2～3％ずつ目減りしていくと仮定し、買うのと借りるのとでどれだけの差が出るのかシミュレーションしてみるとわかりやすいかもしれません。

ここまで得か損かという話をしてきましたが、そもそもマイホームは経済合理性だけで決めるべきものではありません。「ちょっと不便だけど緑が多いエリアで、庭付きの戸建に住むのが理想」という人が、資産性を優先して大都会の駅前にそびえ立つタワマンに無理して住む、というのもおかしな話です。

あるいは、賃貸住宅を渡り歩くような身軽な生活がしたいのに、「シミュレーションしてみると買ったほうが得だから」というだけの理由で、持ち家派に切り替える必然性もないでしょう。逆に、賃貸のほうがトータルの出費が少なくて済みそうだとしても、「老後を考えてマイホームを持っておきたい」という気持ちを優先させることも間違いではありません。経済合理性だけにとらわれず、ＱＯＬを向上させるようなマイホーム選びをしたいものです。

今までになかった〝新しい暮らし方〟が普及する？

賃貸住宅の選択肢もより多様化していくでしょう。賃貸住宅を借りる際に、友人同士などで一緒に住んで、家賃や光熱費などを折半するのがご存じの通りルームシェアです。ずいぶん前からごく当たり前に行われているようですが、実は多くの賃貸住宅は同居禁止というルールを敷いているため、ルームシェア可の賃貸住宅は数が限られています。

一方で、同居前提の賃貸住宅とされているのがシェアハウスです。シェアハウスは一つの物件を数人でシェアする住居形態。一軒家タイプが多く、空き家の有効活用という意味でも注目されています。住人はそれぞれの個室を持ち、リビングやキッチン、バス、トイレなどを共有します。生活家電が備え付けられている場合が多いので、初期コストが抑えられるほか、一人で借りて住むよりも家賃が安上がりというメリットがあります。

シェアハウスが普及し始めてだいぶ時間が経ったこともあり、最近では外国人が多く住んでいて、日本にいながら国際交流ができる物件や、何らかの共通の趣味を持っていることを条件に募集するなど、コンセプトを掲げたシェアハウスも増えています。

さらに、高齢者向けのシェアハウスも全国で作られ始めていて、人気が広がっています。シェアハウスなら老人ホームやサービス付き高齢者住宅などに比べると家賃を抑えられますし、水道光熱費も住人同士で折半するので、一般の賃貸住宅より節約できる可能性が高くなります。

何より、高齢者が一人で暮らしていると、体調が急変したときに誰にも気づいてもらえず、孤独死につながるというリスクがありますが、シェアハウスであれば入居者同士でコミュニケーションを図れるため、一定の安心感があります。介護サービスが必須な状態ではなく、身の回りのことは一通り自分でできる状態の高齢者の受け皿として、この先ますます普及していくでしょう。

シェアハウスと同様にずいぶん前からあるものの、これまであまり普及してこなかった住居の形態に「コレクティブハウス」があります。コレクティブハウスは、シェアハウスと同じく、広い家に複数の人と共同で住むというもの。シェアハウスの入居者は基本的に単身者ですが、コレクティブハウスでは年代も家族構成もさまざまな世帯が一緒に生活します。物件にもよりますが、多くは居室に個々のキッチン・バス・トイレがついており、さまざまな設備（広いキッチン、図書コーナー、コワーキングスペースなど）を入居者同士で共有するシステムになっています。

もともとは北欧で生まれた生活様式で、シングルマザー・シングルファザーやシニアなどがともに住み、お互いに助け合いながら生活できる点が最大のメリットとされています。もちろん、他人とのかかわりが多くなる分、意見が衝突することもあるでしょうが、一人で生活するデメリットを補い合える点を魅力に感じる人は多いはずです。日本ではまだ数が少ないですが、シェアハウスと同様に増加していくことが考えられます。

自治体経営の勝者・敗者の格差が浮き彫りになっていく

人口減少と高齢化が進んでいく郊外エリアでは、自治体が人の取り合いをしています。自治体にとってとりわけ重要なのは、若い世代（生産年齢人口）の確保です。若い世代が減ると、自治体の歳入（税収）が減ります。一方、高齢者が増えると医療・福祉といった扶助費が増えるため、自治体にとっては重荷です。

そのため、各自治体は若い世代の転入を増やすべく、さまざまな施策を打ち出しています。その施策がうまくいっている自治体は生産年齢人口が増加、もしくは維持できていますが、そうでない自治体は人口が減り、高齢化率が上がり続けています。状況が悪化すると財政が逼迫《ひっぱく》し、行政サービスが滞るなどの問題が出てくるかもしれません。

すでに自治体間の格差は広がっています。主要駅の駅前を見るだけでも、その差は歴然としています。人が増えている自治体では駅前に活気があり、商業施設も充実して休日ともなると多くの家族連れで賑わっています。一方、高齢化が進んで人が減りゆく街の駅前は、コンビニや飲食店などのチェーン店も少なく、シャッターが閉まった建物が目立って閑散としています。2030年頃には、この格差がより一層顕著になっているでしょう。

自治体経営の成功者としてよく名前が挙がるのは、千葉県の流山市です。流山市は人口増加率が全自治体の中でもトップクラス。特に、若い世代の流入が相次いでいます。

郊外エリアの一都市に過ぎなかった流山市が、人口20万人を超える中核都市に成長するきっかけとなったのは、つくばエクスプレスの開通です。つくばエクスプレスは東京都心部の秋葉原駅と茨城県のつくば駅を結ぶ鉄道路線で、2005年に開通。これにより、流山市から都心まで20分強でアクセスできるようになりました。

利便性という強い武器を手に入れた流山市は、そこから子育て世代に着目し、都心に通勤する共働き世帯を手厚く支援する取り組みを展開します。

たとえば、2010年には17しかなかった認可保育園を、2024年4月時点には100以上まで増加させました。さらに、送迎保育ステーションを設置し、保護者が駅で子どもを送り迎えできるようにしたことでも、大いに支持を集めています。２０２４年に東京の葛飾区でも試験的に送迎保育ステーションを導入して話題になりましたが、流山モデルの子育て支援策は多くの自治体に影響を与えています。

流山市は街のＰＲも巧みで、全国の基礎自治体としては初めて役所の中にマーケティング課を設立したことでも知られています。民間企業でマーケティングに携わってきた人材が手腕を発揮し、さまざまなイベントの企画やメディアへの積極的なアプローチも展開。「母になるなら、流山市。父になるなら、流山市。」というキャッチコピーは鮮烈な印象を与え、実際に子育て世代の心を摑みました。「ながれやまＳｔｙｌｅ」というオウンドメディアでの情報発信も怠りません。

この流山モデルを参考にしている自治体は増えつつありますが、まだ流山市ほどの成功事例は見当たりません。

しかし、２０３０年頃には第二の流山市が登場している可能性もあるでしょう。ただし、そのためには立地適正化計画の推進や駅前の再開発、子育て世代の支援といった抜本的な改革が必要になってきます。

マイホームを買うなら第一候補は中古マンションに

日本の住宅市場は、住宅を次々に新築しては消費するフロー型から、すでにあるものの有効活用を考えるストック型へと移行しています。第1章でも書いた通り、2030年には、都市部で「マイホームを買いたい」と考えたとき、第一候補は中古マンションになっているでしょう。

新築マンションの供給が減って販売価格が高騰する一方、中古マンションのストックは着実に積み上がっています。購入を考えるなら、中古という選択肢が多くの人にとって現実的なものとなっていきます。

都市部では、戸建よりもマンションにニーズが集中していますし、今後もその流れは続くでしょう。マンションのほうが駅から近く、利便性に優れた物件が多いほか、セキュリティ面や耐震性などに関しても安心感があると見られているからです。

マンションを買っている層は、初めてマイホームを購入する一次取得層（30～40代が中

三大都市圏 中古マンション70m²換算価格 年間平均推移

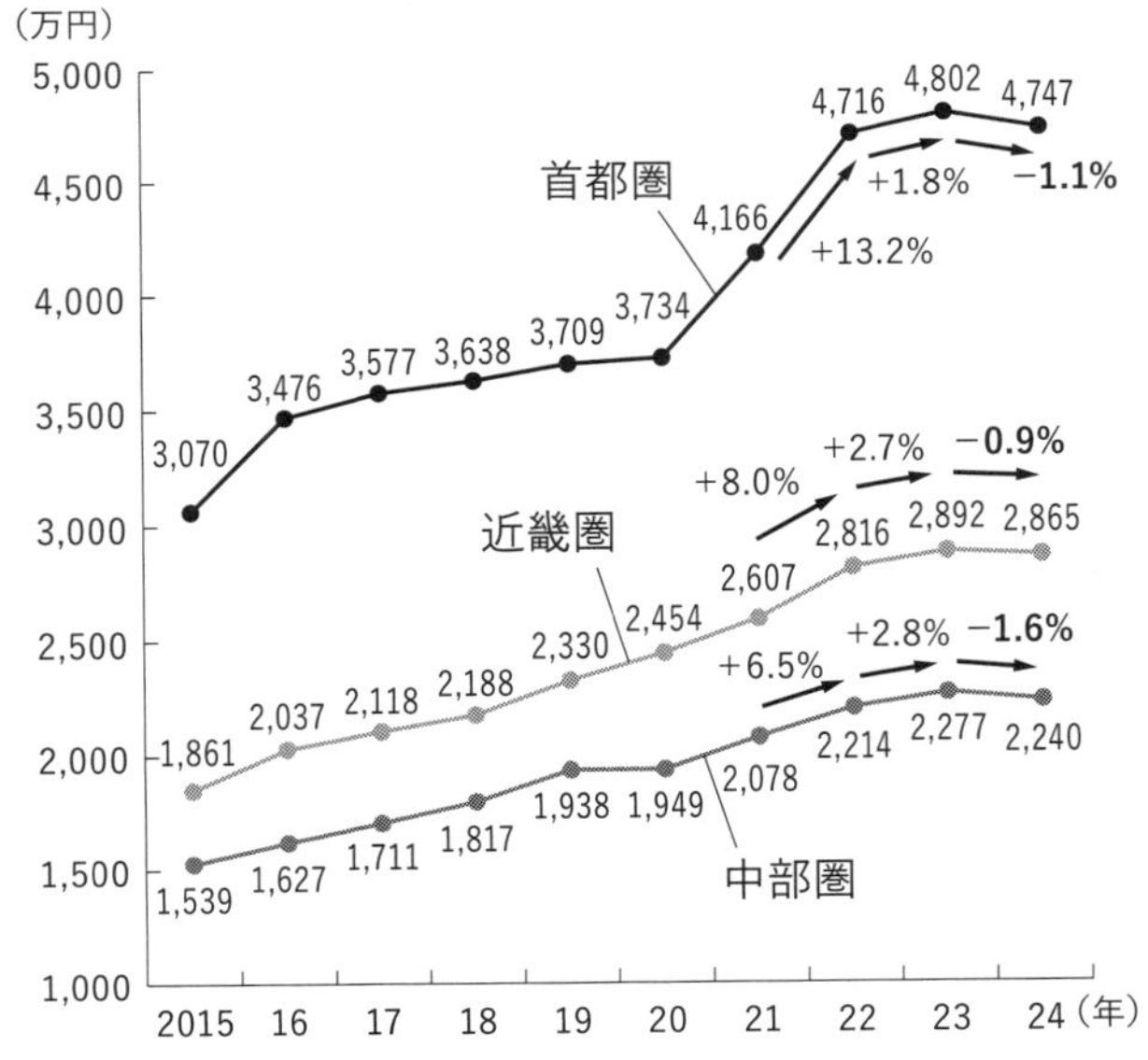

出所：東京カンテイ

心）に加えて、二次取得層のシニア世帯も多く見られます。

高齢になって車の運転が難しくなったときには、利便性の良い場所のほうが住みやすいもの。階段で上り下りをしなければならない戸建よりも、フラットなマンションのほうが安全、という考えで選択する場合もあるでしょう。

マンションは建物・設備など共有部のメンテナンスや、建物周りの清掃などを自分でやらずに済むため、何でもかんでも自分でやらなければならない戸建よりも手間が少なくて済み、シニア世帯にとってはメリットが大きいと言えます。

「マンションを買うなら、絶対に新築がいい」「それが難しければ、築数年以内の築浅がいい」というようなこだわりを持つ人は多いものです。誰も使用していない、まっさらの空間で新生活を始めたい気持ちはよくわかります。

とはいえ、中古マンションには新築マンションにはないメリットもあります。そこで、この第2章では、中古マンションのメリットや、物件を選ぶうえで必ず知っておきたいポイントを解説していきましょう。

「細かい間取りの3LDK」は売りづらくなる

まずは、「管理」以外の面から中古マンションの需要がどう移り変わるか、そしてその選び方を見ていきましょう。

マンションというとファミリーのイメージがあるかもしれませんが、昨今は単身世帯が増加しており、その多くはアパートやマンション住まいです。今後も単身世帯は増加すると言われており、単身者向けのマンションの需要は途切れないでしょう。実際、おもに単身世帯を想定した専有面積30～50㎡ほどのコンパクトマンションは、売れ行きが伸びています。

一方で、売れづらくなると考えられるのは、世帯人数が3～5人くらいのファミリーを想定した3LDK以上の物件です。マンションの専有面積のボリュームゾーンは70㎡前後であることを考えると、それで居室を3つ作るとなれば、小さめの部屋をパズルのように組み込んだ細かい間取りになります。

しかし、単身世帯、あるいは子どものいないDINKS世帯には、居室がいくつもある間取りよりも、広々としたリビングルームがある1LDKや2LDKの間取りが好まれます。

中古マンションのリノベーション済み再販物件でも、壁を大胆に撤去してリビングの面積を広げた間取りが目立っており、それだけ需要があるということを示しています。

たとえば、引き戸を多用した間取りは、戸を撤去するだけで2部屋を連結して広くできるため、可変性が高いと言うことができ、幅広いニーズを期待できます。逆に、一般的な開き戸の部屋が多い物件だと、壁を撤去するための大規模な工事をしなければ、リビングの面積を広げることはできません。

築古の物件になると、床・天井や給排水管の構造などにより、そもそもリフォームがしにくいものもあります。具体的には、天井スラブと天井仕上げ材の間に空間を設けてダクトなどを通す二重天井、床スラブと床仕上げ材の間に空間を設ける二重床なら、空間を設けない直天井や直床仕上げよりも可変性が高くなります。

直天井・直床仕上げだと、コンクリートスラブの中に配線や給排水管を埋め込んでしまうため、照明の位置や浴室・キッチンなどの水回りの位置を変えるのが難しくなってしまいます。さらに、給排水管などのメンテナンスもしづらいというネックもあり、二重天井・二重床の物件に比べると売れづらくなりそうです。

ちなみに、二重天井と二重床は2000年に住宅の品質確保の促進等に関する法律（品確法）が施行されてから普及した構造のため、2000年以前に建てられたマンションで採用されているケースは多くないのが実情です。

2001～03年、あるいは2010～14年竣工の物件が狙い目

このところマンションの平均価格は上がっていますが、反比例して平均面積は狭くなっています。投資目的ではなく、マイホームを買いたい実需層が出せる金額には限界があるので、分譲会社は専有面積を狭くしたり、設備のグレードを下げたりして、新築マンションの販売価格が上がりすぎないように調節しているからです。

そのため、今の新築と少し前に建てられた物件とを比較すると、後者のほうが圧倒的に共用部が豪華で、専有部分は広く、設備も高性能ということがよくあります。

原則として、不景気になると物件の供給は絞られますが、価格が下がって専有面積が広めの住戸が増える傾向にあります。

首都圏（東京・神奈川・千葉・埼玉）マンションの平均価格と平均面積の推移

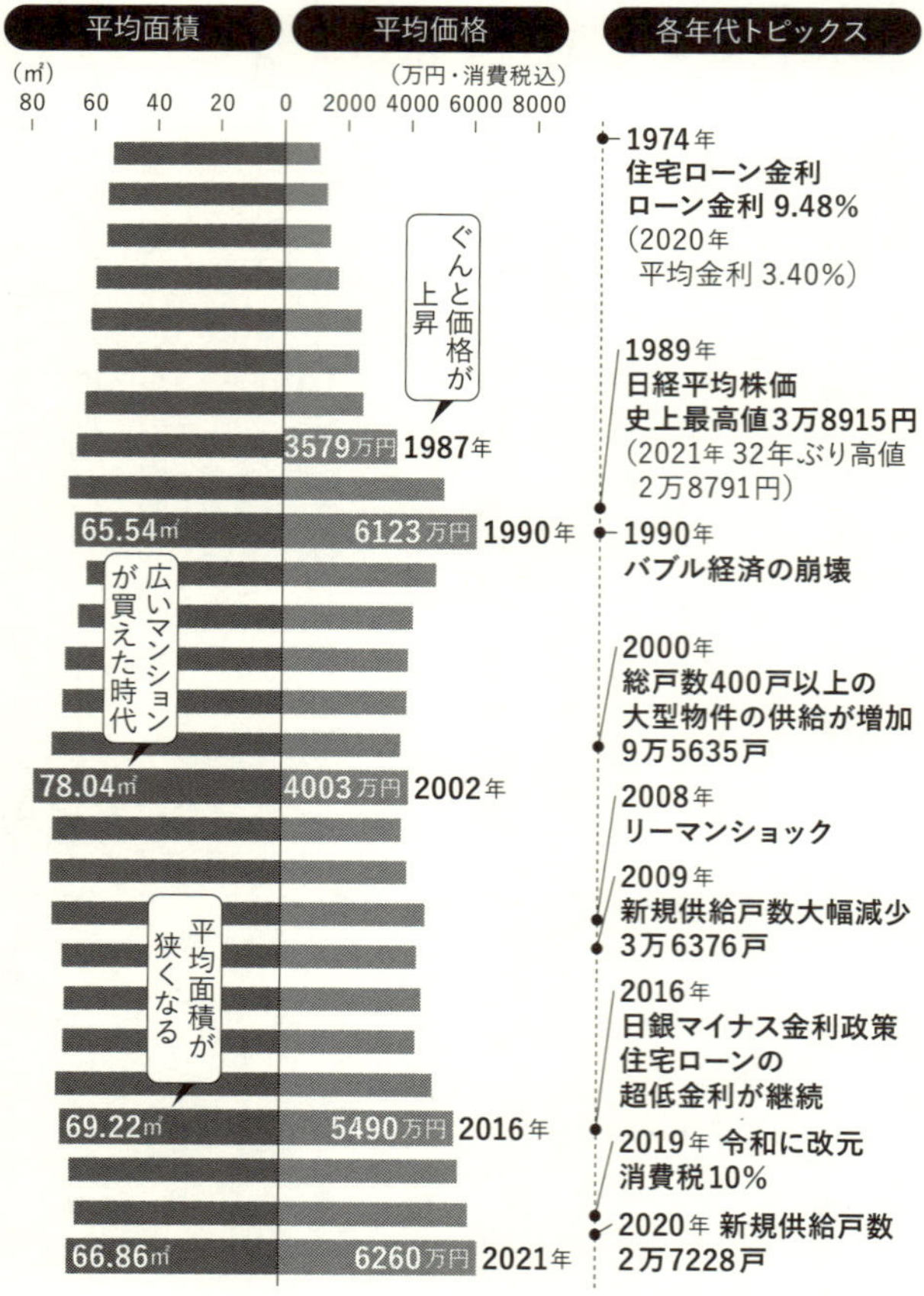

※平均価格と平均面積のグラフは（株）不動産研究所のデータより作成
出所：マンションプラス
「マンションの平均価格と平均面積の50年史をインフォグラフィックで解説」

そのため、「ITバブル崩壊後の2001～2003年」、また「リーマン・ショック後の2010～2014年あたり」に建てられたマンションには、広さと設備・機能のバランスが良い物件が見られます。

2004～07年竣工のマンションは施工不良に注意

逆に、マンションの施工不良が目立った時期というのもあります。2004～2007年竣工のマンションがそうで、この時期は2008年のリーマンショック前のプチバブル期にあたります。土地の価格が高いときにマンション用地を仕入れたデベロッパーが、建築コストを削減するために工期を短縮したことなどが要因で、手抜き工事が横行したものと見られます。

もちろん、問題が見られたのは2004～2007年に建ったマンションのごく一部ではありますが、現在はこの時期よりもさらに建築業界の人手不足が深刻で、職人の数も減っています。

マンションの施工不良は珍しい話ではなく、ひどいケースでは建物全体が傾いて全棟建て替えになった事例もありました。施工不良をあらかじめ見抜くのは難しいものの、極端に短い工期で仕上げられた物件で欠陥が見つかる事例がある、ということは知っておいたほうがよさそうです。

凶悪事件の横行でセキュリティに配慮したマンションが注目される

2024年、首都圏などで組織的な強盗事件が多発し、自宅のセキュリティ対策に敏感になる人も増えてきました。そういう意味で、マンションは戸建よりは安全性が高いと見なされています。

賃貸や築古のマンションはセキュリティが脆弱な物件も多いですが、比較的新しい分譲マンションは、オートロックシステムや防犯カメラを設置するなどセキュリティに配慮することが大前提に。なかでもタワマンは、コンシェルジュがエントランスにいることで警備の役割を果たし、不審者の出入りをある程度抑制することができます。

これに対し、戸建で警備員を常駐させるのはかなり難しいもの。常に家の周囲に目を行き届かせるのは難しいため、郵便物を抜き取られたり、電気のメーターで在宅を確認されたりする恐れもあります。また、家の前に高級車を停めていたら、お金持ちと認定されて標的にされるリスクも考えられます。

このため、近年は富裕層ほどセキュリティを重視し、24時間有人管理でダブルオートロック・トリプルオートロックのタワマンを選択しています。強盗などの侵入経路として多いのは、鍵を閉め忘れた玄関、それに次いで窓ですが、高層階になるほど窓から侵入される確率は低下します（とはいえ、屋上から最上階の住戸に侵入されたケースもあるので、油断して窓を開け放しておくのは厳禁です）。

タワマンではない普通のマンションも、セキュリティに一定の配慮が施された物件が好まれるでしょう。低層階の場合、やはり人目にさらされたり、侵入されやすくなったりするリスクはやや上がります。2階以上でも、街路樹がベランダから近いところにあると、やはり侵入の危険はついて回ります。

警視庁や各道府県の警察署では、犯罪発生マップを開示しているので、購入時にそれを確認し、少しでも自衛することが大切です。加えて、オートロックに防犯カメラくらいは最低でも完備されている物件のほうが、ニーズは途切れにくいでしょう。

中古マンション選びは「管理」が決め手になる

ここからは中古マンション選びで重要な「管理」に着目していきましょう。

中古マンションのもっとも大きなメリットは、新築と比較して価格が安いことです。新築物件の販売価格には「新築プレミアム」と呼ばれる上乗せがあり、割高に設定されています。中古住宅は新築プレミアムが剝がれる分、エリアも条件も似たような水準の新築マンションに比べると、販売価格が抑えられています。

価格以上にメリットとして大きいのが、建物の竣工後から現在に至るまでの「管理」状況を確認してから買える点です。「マンションは管理を買え」とは昔から言われる言葉ですが、実際にマンションを活かすも殺すも、結局のところ管理次第です。

今、日本の人口の1割以上はマンションに居住し、その数は1500万人以上と推計されています。当然、その分だけたくさんのマンションがあるわけですが、なかには管理の状態に問題を抱えた物件も少なくありません。

そもそもマンションの管理とは、住民が快適かつ安全に居住するため、さらには資産価値をなるべく維持するために管理費や修繕積立金を集め、日々建物の点検や修繕を行い、管理組合の理事会や総会を定期的に運営することなどを指しています。

よく「マンションの管理は管理会社に任せておけばいい」と思っている人がいますが、マンション管理の主体はあくまで管理組合です。管理組合は、分譲マンションを区分所有している住民全員によって構成されるもの。組合への加入は、法律（区分所有法）で定められた区分所有者の義務です。

新築分譲直後は、マンションを分譲した業者からのつながりで、系列の管理会社が管理を担うのが一般的です。ただ、管理会社は管理組合の依頼を受けて仕事をしている立場に過ぎません。その契約は永遠に続くと決まったものではないので、組合側は途中で契約を打ち切ることができますし、逆に管理会社側から契約の継続を断られるケースもあります。

管理組合の総会や理事会の議事録を見ると、管理の実態や、そのマンションでどんな問題が生じているか、過度なクレームなどの問題行動が多いモンスター住民はいないかなどが、ある程度わかります。

一方、新築の物件は購入者に住戸が引き渡されてから管理組合が設立されるので、当然ながら管理の履歴はまっさらです。もちろん、どのような住民がいるかもわからず、出たとこ勝負になる怖さがあります。

管理の履歴がわかるにもかかわらず、きちんと調べずに問題がある中古マンションを買ってしまうと、遅かれ早かれ住みづらさを覚えるようになるでしょう。さらには、資産価値が急落する恐れもあります。それは、タワマンのような高級マンションであっても例外ではありません。

事前に管理について調べることは、中古マンションを買ううえで何よりも重要なのです。

避けるべき「管理に問題のあるマンション」6つの特徴

管理に問題がある状態とはどんな状態なのかが想像しづらいかもしれないので、ここからはいくつかの例を挙げてみましょう。

❶住民の高齢化や空き家の増加で、そもそも管理組合が機能していない

昔ながらの団地をはじめとする築古マンションでは、往々にして多くの住民が高齢化しています。住民が亡くなったり、老人ホームに転居したりすることも多く、空き住戸が増えがちです。

好立地の物件であれば、新たな入居者が次々と入ってくる見込みがありますが、郊外エリアで駅から離れている不便な立地だと、そうはいきません。高く売るのはまず無理ですし、ほとんど叩き売りに近い安値をつけても売れづらい状態です。結果、そのマンションの人口密度は、年を追うごとに低下していきます。

高齢化が著しく、櫛《くし》の歯が欠けたように空き住戸が目立つマンションにおいて、管理組合はほとんどあってないようなものです。住民が少なければあまり管理費が集まらないため、管理会社を雇うこともできなくなります。管理会社を雇えなければ、住民が自分たちでマンション管理業務の一切を担う「自主管理」の状態になります。

マンションの管理形態には「全部委託管理」「一部委託管理」「自主管理」の3種類があり

ます。

全部委託管理は、マンション管理のほぼすべてを管理会社に任せる形態を指します。住民にとっては、管理組合員としての業務（理事を務める、総会に参加するなど）を最低限こなす必要はあるものの、ほとんどの雑務からは解放されるため、もっともラクな形と言えます。2025年時点では、日本にあるマンションの7割以上が、この全部委託管理を選択していると言われます。

これに対し、一部委託管理は管理業務の一部を管理会社に任せ、残りを管理組合で行う形態で、1割強のマンションが選択しています。新築分譲時の管理会社との契約は基本的に全部委託管理なので、一部委託管理を採用しているのは中古マンションです。

何を管理会社に任せるかはマンションによって異なりますが、たとえば難度の高い基幹業務は管理会社に委任。その一方、業務用の掃除機などを購入し、住民が持ち回りで清掃を行っているマンションも実際にあります。

基幹事務には、管理組合の収支計算書や予算案を作成したり、管理費や修繕積立金の徴収、業者への支払いを行ったり、マンションの修繕を計画・実施したりといった内容が含まれています。

逆に、清掃や設備メンテナンスなどは管理会社に任せ、基幹事務は組合のほうで担っているパターンもあります。住民の負担はそこそこ大きいですが、管理の一切合切を外注するよりも管理委託費が抑えられるのがメリットです。

最後に自主管理とは、管理会社を入れずにすべての管理業務を管理組合でこなしていく形です。目下、全体の1割近くのマンションが自主管理となっており、国土交通省の調査によると、その多くは昭和の時代に建てられた築古物件です。

あえて自主管理を選択し、マンション管理用のアプリなどを駆使して、住民自らが管理業務の一切を取り仕切っている先進的なマンションもあります。管理会社任せにせず、自分たちの手で自分たちの資産を守るという意識を持ち、住民同士で連携して必要十分な管理をローコストで実践するというのは、マンション管理の理想形と言えるでしょう。

しかし、その道のプロフェッショナルである管理会社にお任せにするのと比べると、かなり手間がかかるので、実現するにはやる気と根気が必要とされます。さらに、ある程度のノウハウも学ばなければなりません。リーダーシップをもって管理組合を導いてくれるような人材も必須でしょう。よって、現時点ではまだ自主管理で成功するのはなかなか難しいと言えます。

現実には、なし崩し的に自主管理になり、共用部の清掃や設備の点検、建物の修繕に手をかけることができず、結果として廃墟化が進む事例が数多く見られます。

近年、労働力不足に伴う人件費の高騰などを背景として、管理会社の委託費用は値上がりしています。さくら事務所が以前に行った調査によると、2017年からの7年間で管理費の平均額は約1・2倍に増額されていました。

今後も費用が下がる要素はあまり見当たらないため、2030年に向けて一部委託管理や自主管理を選択せざるを得なくなるマンションは増えていくでしょう。マンションを選ぶうえで、管理の形態を知ることは非常に重要になっていきます。

もし、あなたがマンション管理にかかわる雑務を引き受けたくないのであれば、全部委託管理のマンションを検討すべきでしょう。ただ、管理費は高額になりやすいので、ランニングコストを少しでも下げたいなら、今後増えていくと見られる一部委託管理のマンションも視野に入れることになります。

❷共用部が荒れていて、清掃が行き届いていない

廃墟とまではいかなくても、清掃や細かいところの手入れが行き届かず、共用部が何となく荒れている印象の中古マンションはたくさんあります。具体的には、次のような状況が見られた場合、管理に問題があると言えます。

- エントランスや廊下が汚い
- ゴミ捨て場が汚い（分別のルールが守られていない、未回収のゴミがたまっている、など）
- 駐輪場・駐車場が雑然としている（使われていない古い自転車が放置されている、など）
- 植栽がきちんと手入れされていない
- 掲示板に古い掲示物が貼りっぱなしになっている
- 共用部に住民の私物が放置されている
- あちこちで照明が切れた状態で放置されている
- 多くの郵便ポストにチラシなどが大量に突っ込まれている

管理形態が全部委託管理でありながら、掃除が行き届かず何となく荒れているような印象を抱く場合、もしかしたら管理会社に問題があるのかもしれません。一部委託管理で住民が清掃を手掛けているマンションの場合は、プロに任せたときほど隅々まで掃除できていない可能性が考えられます。

全部委託管理だとしても、管理人が滞在している時間が短いと、共用部の汚れは目につきやすくなります。

マンションの管理人の働き方は「住み込み勤務」「常駐勤務」「巡回勤務」に分かれます。住み込み勤務は、文字通り管理人が24時間、大抵は住み込みでマンションに待機している体制です。常駐勤務は、管理人が住み込みではなく平日に通勤してくる体制で、土日は不在になるため対応してもらうことができません。巡回勤務は、一人の管理人が複数の物件を受け持ち、各マンションを週に何回か訪れ、数時間ずつ滞在するという体制です。

一般に、タワマンなどの高級マンションは、管理人（コンシェルジュ）が24時間常駐。一般的な大規模マンションは常駐勤務が多く、小規模マンションやアパートは巡回勤務が多くなっています。また、最初から管理人を置いておらず、何かあったときに管理人を通さず、

マンション管理人の勤務形態

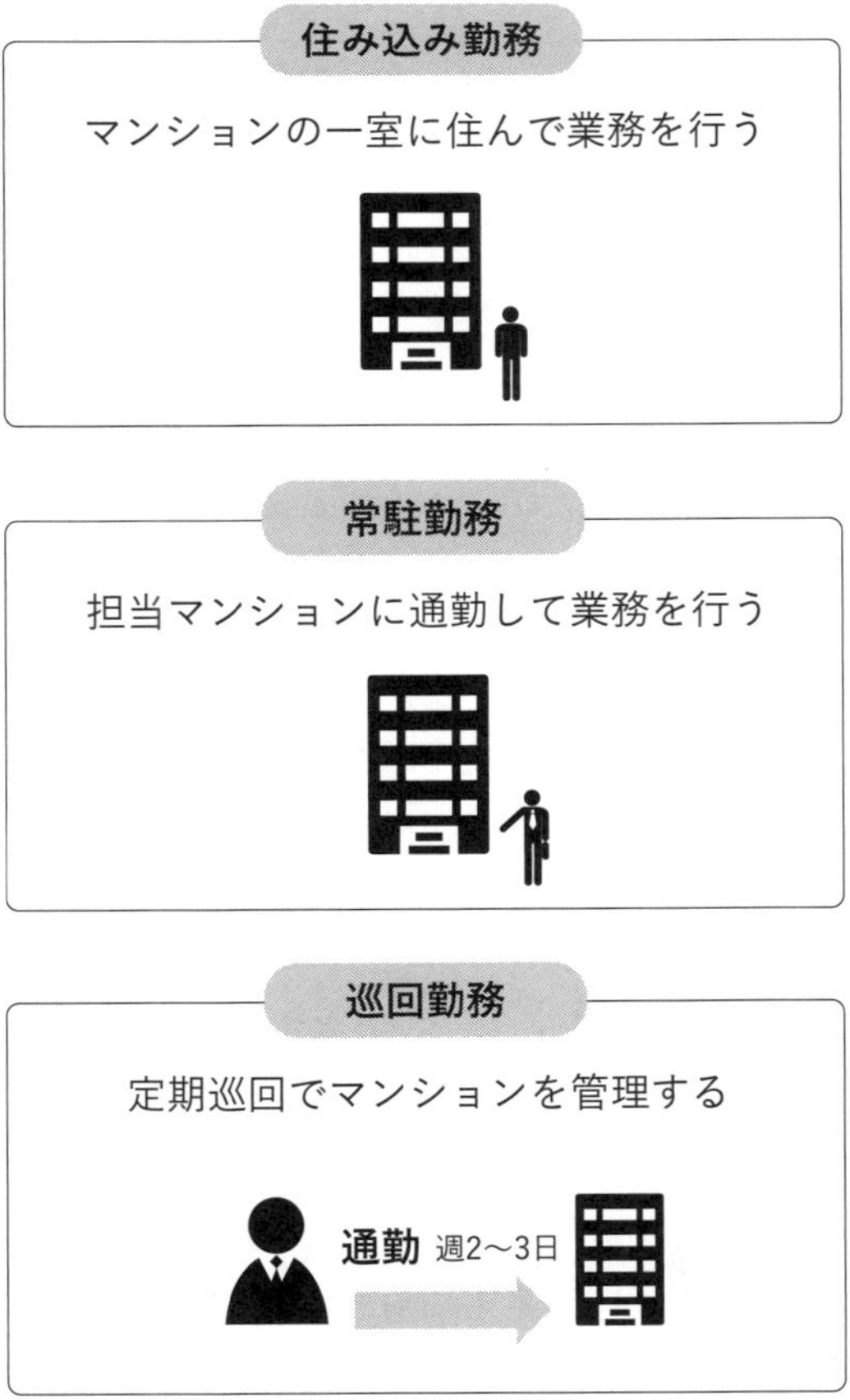
住み込み勤務
マンションの一室に住んで業務を行う
常駐勤務
担当マンションに通勤して業務を行う
巡回勤務
定期巡回でマンションを管理する
通勤 週2〜3日

管理会社が直接対応する「無人管理」という形態もあります。

管理人が長く滞在しているマンションなら、エントランスにゴミが落ちていたり、照明が切れていたりしたときにすぐ対応してもらえますし、掲示板の内容が長いこと更新されていなかったり、郵便ポストが雑然としていたりするようなことも、基本的には起こりにくいでしょう。

これが巡回勤務だと、対応してもらえるまでにタイムラグが発生するため、たまたま掃除されていないときにマンションを見学に行ったとすると、「このマンションは、ちょっと管理に問題がありそう」という印象になります。

そう考えると、管理人には常駐してもらうのが一番だという気がしますが、今は人手不足で管理人のなり手が減っており、2030年にもなれば、AIの活用による省人化・無人化が一層進んでいくでしょう。AIコンシェルジュも当たり前になるかもしれません。

かつては大企業の管理職を勤め上げたような優秀な人材が、定年退職後の再就職先として管理人を選ぶケースがよく見られました。しかし、最近は定年を迎えても、元いた会社に再雇用される形で働く人が増加。管理人の職を選ぶ人は急激に減りました。労働力が減ると、人件費は高騰するのが世の常です。当然、管理人に長くいてもらおうとすればするほど、管理費が高くなってしまいます。

多くのマンションでは管理費の高騰に苦慮し、コストをカットできる部分はできるだけ削っていこうという方針です。そのため、管理人を常駐管理から巡回管理に切り替えたり、無人管理にして清掃などの雑務を住民で行ったりしているわけですが、それがあまりうまく回っていないと共用部が荒れてきてしまいます。

本来はNGとされている共用部への私物の放置が見逃されている場合も、管理の実態はかなりずさんだと考えていいでしょう。そのほか、ゴミ出しのルールが守られていないような場合も、モラルに欠ける住民が住んでいて、それを組合側も野放しにしている可能性があります。言うまでもなく、そのようなマンションは避けたほうが無難です。

❸管理会社ともめた形跡がある

管理費が高すぎると、住み始めてから家計への負担が大きくなりますが、安すぎても管理の質が維持されているのかという点で不安が生じます。「管理費が安い＝お得な物件」と短絡的に考えるのはＮＧ。なぜ、この金額なのか知るために、管理の形態に加えて管理会社との契約内容や、現在の金額で妥結されるまでの推移もチェックしたいところです。

マンションによっては、管理会社側から管理組合に対して「十分なサービスを提供するために、管理費を値上げさせていただきたい」という打診があったものの、それを拒否している場合があります。

管理費の値上げを決定するには、管理組合の総会での決議が必要になります。毎月出ていくお金が増えるとなると、大抵は反対する住民が出てくるもの。誰しも出費が増えるのはイヤでしょうが、とにかく「値上げは悪」と決めつけて強硬に反対する人もいます。

基本的に、管理会社に悪意があり、不当に利益を上げようとして値上げを要請しているというパターンはほとんどありません。世の中ではインフレが進行し、前述のとおり人手不足も深刻になっています。管理会社の値上げの打診は妥当なものである場合が多いのですが、頭ごなしに否定し、却下する人は意外と多いのです。

総会で一定数の賛成を得られないと、値上げ案は否決されることになり、管理費は据え置くしかなくなります。一昔前は、値上げ要請を却下されても〝長年のお付き合い〟を尊重し、そのままの金額でサービスを続行してくれる管理会社がわりとありました。しかし、最近は完全に管理会社の売り手市場となっているので、「値上げできないなら契約を打ち切る」という流れになりがちです。

となると、管理組合は慌てて別の管理会社を探すことになるわけですが、料金が上がっているのはどこの管理会社も同じなので、これまでと同水準の金額で同水準のサービスを受けるのはかなり難しくなってきます。

値上げ要請を断って契約を解除したのに、新たな管理会社でさらに高額の管理費を支払うことになるか、料金は変わらなくてもサービス内容の低下を受け入れざるを得ない、という事態につながりかねません。

管理費の値上げが総会で否決されるようなことがあれば、議事録に必ず記録されているはずなので、確認してみるといいでしょう。議事録にはマンション住民の個人情報は記録されないため、マンションの購入を希望している外部の人でも、写しを取り寄せて閲覧することができます。

なお、管理会社が変わったり、管理形態が変わったりする予定がある中古マンションの場合、購入前に必ず説明される「重要事項」の中にその旨が記載されるので、見逃さないようにしましょう。

❹長期修繕計画がずさんで、修繕積立金も積み上がっていない

管理費と並ぶマンションのランニングコストに修繕積立金があります。多くのマンションでは、すべての区分所有者が毎月修繕積立金を負担することで、来たるべき大規模修繕工事に備えています。

マンションの建物は徐々に劣化していくので、定期的に大規模修繕工事を行うのが普通です。鉄骨鉄筋コンクリート造の建物の法定耐用年数は47年ですが、適切に保守・点検を行い、必要な修繕工事を行えば、マンションの建物は100年以上でも持ちます。

法定耐用年数というのは、要するに税法上で減価償却できる期間のことであり、実際の建物の寿命とイコールではありません。法定耐用年数を過ぎても、住民は世代交代をしつつ、

長年にわたって住み続けることができます。

ただ、その実例はありません。100年前の日本には、鉄筋コンクリート造のマンションがほぼなかったからです。有名な軍艦島の集合住宅は鉄筋コンクリート造で、1910年代（大正時代）に建設されましたが、炭鉱が閉山してからは廃墟に。とはいえ、今でも潮風にさらされる過酷な環境の中、その躯体を保っているわけですから、鉄筋コンクリート造の建物のポテンシャルが高いことはよくわかります。

ちなみに、日本初の分譲マンションは1950年代から売りに出されるようになりましたが、当時のマンションはいずれも建て替えられています。と聞くと「マンションも戸建と同じように、古くなったら建て替えればいいのではないか」と思うかもしれませんが、マンションの建て替えは戸建ほど容易ではありません。

たとえば、1953年分譲の宮益坂ビルディング（東京都渋谷区）は2020年に建て替えられましたが、建て替えの検討が始まったのは1978年。実際に建て替えすることが決議されたのは2003年。そこからさらに長い年月を経て竣工にこぎつけています。つまり、検討開始から実現までに40年以上もの歳月を要したということです。

建て替えのハードルが高い理由として、まず区分所有者の負担が大きいことが挙げられます。鉄筋コンクリート造のマンションの建設には、木造の一般的な戸建とは比べ物にならないほど膨大なコストがかかります。よって、建て替えるとなると区分所有者は多額の費用を負担せねばならず、その金額は1戸あたり1000万〜3000万円、あるいはそれ以上とも言われます。

老朽化した建物を建て替えるということは、住民の多くも高齢化しているはずです。年金生活の高齢者世帯で、そのような費用を負担するのは難しいケースも多いでしょう。

また、建て替えには区分所有者全体の5分の4以上の賛成が必要です。コストが高いうえに、建て替えとなれば長期で仮住まいに移る必要もあることから、「ボロボロでも、もうトシだしこのままでいい」と考える住民が多数出てくるのも推して知るべしです。

そう考えると、全面的に建て替えるよりは、こまめに修繕しながら住み続けていくほうが現実的ですが、ここ数年で大きな問題となっているのが、修繕積立金が大幅に不足しているマンションが増加していることです。

修繕積立金は、通常12～18年程度のスパンで行われる大規模修繕工事を見据えて費用を大まかに計算し、工事のタイミングに帳尻が合うように住民全員が毎月積み立てていくもの。金額の根拠となるものは長期修繕計画で、これは管理会社が作成する場合がほとんどです。あらかじめ費用を計算し、それに基づいて集金する計画になっているにもかかわらず、修繕積立金が不足する要因の一つは、修繕積立金の積立方式にあります。

修繕積立金の積立方式は、大抵の場合「段階増額積立方式」か「均等積立方式」のどちらかです。段階増額積立方式とは、5年ごとなど一定の周期で、段階的に積立金が値上げされるというもの。一方の均等積立方式は、マンションを買ってからずっと同額の修繕積立金を負担していく方式です。

昔は均等積立方式が主流でしたが、２０００年代に入ってからは段階増額積立方式が半数を超えるようになり、新築マンションの多くが段階増額積立方式を採用するようになりました。

段階増額積立方式のメリットは、初期の修繕積立金が安く抑えられる点です。住宅を購入

修繕積立金の平均額の目安
（機械式駐車場を除く）

地上階数／建築延床面積		月額の専有面積あたりの修繕積立金額	
		事例の3分の2が包含される幅	平均値
20階未満	5,000m²未満	**235円〜430円／m²・月**	335円〜m²・月
	5,000m²以上〜10,000m²未満	**170円〜320円／m²・月**	252円／m²・月
	10,000m²以上〜20,000m²未満	**200円〜330円／m²・月**	271円／m²・月
	20,000m²以上	**190円〜325円／m²・月**	255円／m²・月
20階以上		**240円〜410円／m²・月**	338円／m²・月

出所：国土交通省「マンションの修繕積立金に関するガイドライン」

する人は、基本的にランニングコストをなるべく安くしたいと考えています。一方、マンションを売る側は、なるべく多くの購入希望者を獲得したいと考えているため、当初の修繕積立金を安くすることで、ランニングコストが安いように見せかけます。

あるマンションでは、30年のスパンの長期修繕計画を立案。途中2回の大規模修繕工事を実施する計画で、当初の修繕積立金を月7000円と設定しました。金額は5年ごとに増額され、最終金額は月2万8000円まで上昇します。

仮に、同じマンションで均等積立方式を採用していれば、積立額はずっと約1万9000円です。つまり、本来なら毎月2万円近く払わなければならないところを、5年間は7000円しか負担せず、毎月1万2000円の赤字を全住戸で先送りにするわけです。

修繕積立金が毎月1万9000円のマンションと7000円のマンションでは、後者に魅力を感じる人がどうしても多くなるでしょう。5年ごとに大幅な増額があることを理解したうえで選択するなら問題ないのですが、厄介なのはきちんと認識しないまま、足元の安さだけにひかれて選択している人が数多く存在していることです。

「理解していなかったといっても、それで買ったほうが悪いのだから、どうにかして払うしかないだろう」と思われるかもしれませんが、段階増額積立方式だからといっても値上げに強制力はありません。

そのため、管理組合の総会で「今はまだ新築同然で、建物にも劣化は見られないから、今回のところは修繕積立金を値上げしなくてもいいのでは」というような、値上げに悲観的な人にとって耳に優しい意見を言う人がおり、多くの人がその意見に同調すると、修繕積立金は値上げされないまま据え置かれてしまいます。

そこそこの築年数の中古マンションであるにもかかわらず、修繕積立金があまり高くない場合には、裏にそうした事情が潜んでいる可能性があるので確認が必要でしょう。

もともと修繕積立期に値上げを前提にしていたにもかかわらず、予定通りに値上げをしなければ、大規模修繕工事の資金は不足します。そうなったとき、とられる対応は2つに分かれます。

一つは、工事を先延ばしにするというもの。しかし、必要な点検や修繕を行わないと、建物の致命的な劣化を見逃して、後々大事になるリスクがあります。

もう一つは、工事の直前になって修繕積立金を大幅に値上げしたり、一時金を徴収したりして、帳尻を合わせようとすること。たとえば、住戸数が１００戸のマンションで修繕積立金が１０００万円不足したなら、全戸に10万円ずつ一時金を負担してもらう、といった具合です（※管理費や修繕積立金も、各区分所有者の専有部分の床面積に応じて決定されるのが普通なので、この例は全住戸の専有面積が同じと仮定した場合）。

ときには、一時金の金額が百万円単位など、かなり大きくなることもあります。経済状況は人それぞれ異なるので、いくら工事に必要だからと言われても、急に大金の支払いを迫られたら、拒否する人が高確率で出てくるでしょう。

工事の計画が進みだしてから未回収の一時金が出てしまうと、工事費が不足するため、ますます問題が大きくなってしまいます。そのため、一時金という方法は最終手段と考えなければなりません。

前述のとおり、大規模修繕工事はおおむね12〜18年ほどの周期で実施されます。１回目の工事は、竣工からそれほど時間が経っていないので、通常はそこまで大掛かりにはなりません。しかし、２回目、３回目の工事となると修繕すべき箇所が増え、必要な金額も増えていきます。

12年周期で工事を計画しているケースだと、3回目（36年目）の工事でエレベーターや駐車場などの高額な設備の修繕や交換が含まれてくることが多く、1回目、2回目とは比べ物にならないほど費用が跳ね上がります。

たとえば、エレベーターは1基交換するだけで500万~1500万円程度の費用がかかるのは普通で、超高層のタワマンになると、1基だけで数千万円もかかります。修繕積立金が不足すると、たとえエレベーターが故障しても直せない、といった事態に陥りかねません。

タワマンは修繕工事の費用が普通のマンションよりも高額です。足場をかけて建物全体を工事するということができないので、工事が長期化するほか、前述のエレベーターの例のように、修繕・交換のコストが高いタワマンならではの設備も多いからです。

そのため、**タワマンなのに修繕積立金が月1万円以下だとしたら、たとえ面積の狭い住戸であったとしても安すぎます。管理費と同様、修繕積立金が安い＝お得というわけではないので、そこから段階的に大幅に値上がりする**ことを理解しておきましょう。

また、工事費の高騰などにより、修繕積立金も値上げ傾向にあるため、段階的にきちんと値上げしていても、修繕積立金が不足するケースはあります。根拠となる長期修繕計画自体を定期的に見直すことも重要です。

長期修繕計画は管理会社が作成しますが、マンション管理士などの専門知識を持った第三者が細かくチェックすると、間違いがいくつも見つかるのは〝あるある〟です。間違いがまったくない計画案のほうが珍しいくらいです。

間違いというのは、存在していない設備のメンテナンス代が計上されている、エレベーターの交換費用が一ケタ間違っている、といった単純なヒューマンエラーがほとんどですが、そのせいで工事費用の概算が億単位でずれることもあります。

加えて、長期修繕計画は30年程度先までのことを計画するもので、作成してから時間が経つと、法改正や物価の変動などにより、工事項目やかかる費用が変わってくるのが普通です。そのため、国土交通省は5年程度のスパンで計画を見直すことを推奨しているのですが、これをほったらかしにしているマンションは非常に多いのが現実です。

安心して住めるマンションを見つけるためには、計画の見直しを実行しているか否かを確認すべきでしょう。

❺建物の外観に劣化の兆しが見られる

定期点検や大規模修繕工事が適切に行われていないと、マンションの建物や設備は劣化していきます。その劣化の兆しは、パッと見ですぐにわかるものもあります。よくあるポイントをいくつか挙げていきましょう。

近年、非常によく報告されているのが外壁タイルの剝落です。マンションの外壁は大抵の場合、モルタルを塗った上にユニット式のタイルを貼り付けて施工します。建物のコンクリート面を守ることができ、なおかつ見た目も良いのが特長ですが、時間が経過するにつれて徐々に「浮き」が出てきます。

浮きを放っておくと、いずれタイルは剝落することになるのですが、1、2枚ポロッと剝がれる場合もあれば、数百枚まとめてドサッと剝がれ落ちる場合もあります。

ちょっとした浮きや数枚程度の剝落は、特に珍しいことではありません。マンションを数十件見たら、そのうち1件くらいで浮きや剝落が見つかるというくらい、ありふれた現象です。ただ、それを放置しておくと建物にダメージが及ぶ恐れがあります。

マンションの建物はコンクリートと鉄筋・鉄骨で造られていますが、コンクリートは強い

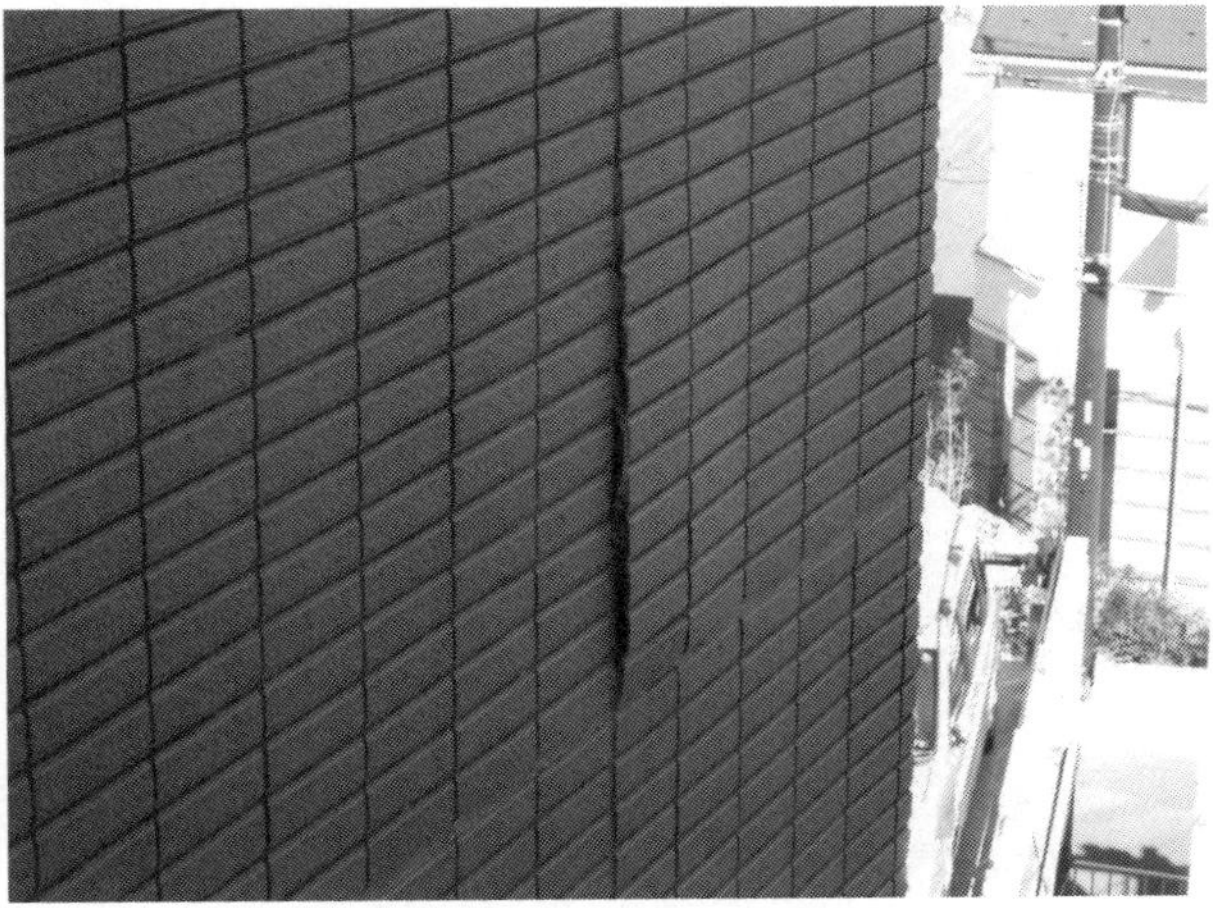

外壁のタイトルの「浮き」の例

アルカリ性の性質を持っています。これに対して雨水は酸性で、排気ガスなどの気体を取り込むと強酸性に変化します。

そんな強酸性の雨水がタイルの剥がれたところ、あるいはタイルが張られていないコンクリート部分のクラック（ひび）から建物の内部にしみ込むと、徐々にコンクリートが中性化。内側にはりめぐらされた鉄筋を錆びさせる原因になります。

また、鉄筋の錆がひどくなると、その分だけ体積が増えるため、周囲のコンクリートを突き破って破裂させることがあります。この現象を「爆裂」と呼びますが、一度爆裂が起きると建物の強度が下がってしまい、修復するのが難しくなります。

そのせいもあって、爆裂が起こり鉄筋が露出してしまった物件については、買うときにフラット35の住宅ローンが組めないというルールがあります。逆に、買ったマンションで爆裂が起きてしまうと、将来売却するのが難しくなるとも言えます。

建物の中で爆裂が起こりやすいのは、ベランダ・バルコニーの上裏です。上裏とは、上階のベランダの裏側部分のことで、ここにクラックがあったり、そのクラックから錆の色がついた水（錆汁）がしみ出していたりする場合、爆裂の危険性があります。下のベランダにコンクリート片が落下するかもしれないので、注意が必要です。

下手をすると大ケガにつながりますが、これはタイルの剥落でも同じです。小さなタイル1枚であっても、高い位置から落下すれば加速度がつくので、下に人がいたら大ケガを負わせる危険性が十分ありますし、最悪の場合は死に至らしめることも。実際、タイルが原因で通行人が死亡したり、重傷を負ったりした事例はありますし、車が破損した例も数多く報告されています。

外壁タイルによる被害が生じた場合、責任の所在はどこにあるかといえば、管理組合（区分所有者全員）にあります。竣工して間もないマンションであれば、施工会社や分譲会社の責任が問われることもありますが、基本的にはマンション敷地内の共用部で起きた事故において、管理責任を負うのはそのマンションの区分所有者全員です。

実際、マンション敷地内で起きた事故により、住民全員が過失致死の疑いで刑事告訴された事例もあります。

これはタイルが原因ではありませんが、２０２０年に神奈川県の逗子でマンションの敷地斜面が崩落し、この斜面に面した市道を通行していた高校生が生き埋めになって亡くなるという痛ましい事故がありました。

敷地内の一部だった斜面の崩落ということで、遺族はマンションの管理会社を業務上過失致死の疑いで、区分所有者全員を過失致死の疑いで告訴。その後、マンション住民側は、遺族に1億円の賠償金を支払って和解しています。管理会社に関しても、事故の発生を防止する義務を怠ったという遺族側の訴えが認められました。

マンションの敷地内をきちんと点検し、安全が脅かされることがないように適切に管理していれば、このようなことは起こらなかったかもしれません。マンションに住んでいても、管理についてさほど深く考えていない人は多いものですが、その油断が過失致死の罪につながることもあるという現実を、決して忘れてはいけないのです。

そのほか、外壁に白いシミのようなものができていたら、内部のコンクリートのアルカリ成分が外部に漏れだす現象（エフロレッセンス）が起きている可能性があります。白っぽくなっている面積がわずかならまだいいのですが、広範囲に及んでいる場合、内部で劣化が進んでいる恐れがあります。

また、タイル張りではなく吹き付け塗装の外壁の場合、触ってみて粉がつく場合はチョーキングという現象が起こっています。きれいに見えても、建物を守っている塗装が剝がれて防御力が低下しているので塗り替えが必要な状態と言えます。

近々修繕を予定しているのであればいいのですが、修繕や工事の計画も当面ないということであれば、修繕積立金の不足などの問題が生じていると考えられます。

❻住民が管理に無関心

建物の劣化や清掃の不行き届きは目で見てすぐにわかりますが、パッと見でわからないものの、管理の良し悪しに大きくかかわってくるのが、マンション管理に対する住民の姿勢です。管理会社ともめたり、修繕積立金が適切に積み上げられなかったりする原因も、根っこをたどれば住民の〝無関心〟に端を発しています。

マンションを買う際、マンション管理の重要性についてきちんと理解している人は少数派です。分譲会社が契約時にきちんと説明すればいいのですが、買い手があまり興味を持っていないことについて、売り手のほうからわざわざ説明することはありません。

そのため、ほとんど知識がないまま、マンション管理について「管理組合の理事はやりたくない」「総会に参加するのが面倒くさい」などとネガティブな印象を持っている人のほうが圧倒的に多くなっています。

マンション管理の主体は管理組合であり、それを構成するのは住民であるということを忘れ、多くの住民がマンション管理に無関心を貫いていると、マンションの未来はどんどん悪い方向へと向かってしまいます。

たとえば、管理会社のフロントマネージャー（マンション運営に関する業務や管理人の監督、理事会や総会の運営をサポートする管理会社の社員）が、総会や理事会で「修繕積立金を値上げしないと、工事費用が不足しますよ」とアドバイスしたとします。

マンションの管理に興味のある人なら、興味を持ってその話を聞くでしょうが、無関心な人だと「ランニングコストが増えるのはイヤ」としか思わないかもしれません。そのような人が多数を占めれば、修繕積立金の値上げは実行できないので、必要な工事が行われなくなってしまいます。

また、高齢者世帯の多いマンションなどでは、長年ずっと同じ人が管理組合の理事長を務めているケースもあります。多くのマンションでは、規約で理事の任期は1～2年などと定められていますが、こういった規約がないマンションでは同じ人がトップに立ち続けても問題ありません。

しかし、ワンマン体制が続くと理事長が工事業者などと結託し、不要な修繕工事を発注する（住民のコスト負担が増える）などの問題が起きるケースも。ほとんどの住民が管理に無関心だと、知らず知らずのうちにこのような被害に遭うリスクもあるのです。

マンション管理について勉強し、正しい知識を持っている人がいたとしても、それが一人だけだとあまりうまくいかないケースも見受けられます。これも実際にあった話ですが、マンションを守るために必要だと信じて修繕積立金の値上げを提案した人（仮にAさんとしましょう）が、管理会社との癒着を疑われて、何者かに怪文書を回される事態になったという事例がありました。

結果、Aさんは住みづらくなって他所へ引っ越す羽目に。第三者の目から見ると、Aさんは何も悪いことをしていない、正論を唱えただけの被害者なのですが、そのマンションには管理に関心がなく、ただただ目先のランニングコストが増えることを嫌がる人がいて、Aさんを加害者と見なしたのでしょう。

多数の無関心層を相手に孤軍奮闘するのは容易ではありません。管理組合がうまく回っていて、住民の管理への関心も比較的高いマンションは、その雰囲気をリードするキーパーソンが複数人いるものです。

あるいは、マンション管理士などの専門家を入れるのも有効です。専門家を招聘したり、勉強会を開いていたりするマンションは、管理に対する意識が比較的高いと考えられます。また、管理組合の総会の出席率が高いマンションもポイントは高いです。多くのマンションでは総会の出席率が低いと言われており、マンションの規模が大きくなればなるほど出席者の割合は低下しがちです。

総会は管理組合の最高意思決定機関であり、大規模修繕工事の実施や管理費などの値上げ、管理会社の変更、あるいは不採算設備の取り壊し、マンション自体の建て替えといった重要事項は、すべて総会での決議を経て決まります。

議決権を持っている区分所有者は全員参加が基本ですが、委任状及び議決権行使書を提出して不参加という世帯が大部分を占め、実際に参加する人は3割前後というのが平均的な参加率です。

総会に毎回参加しないということは、マンション管理に無関心である証拠です。総会に出れば、管理費や修繕積立金がどのように使われていて、今後収支をよくするためにどんなことができるのか、といった情報をキャッチできるので、おのずと管理に対する関心は高まります。

そのため、すでに総会の出席率が高いマンションか、出席率を上げるための取り組みを積極的に行っているマンションがベターでしょう。

マンション管理の良し悪しを測る「マンション管理適正評価制度」

さて、ここまでマンション管理にまつわる問題をあれこれ挙げてきましたが、実際には管理にまったく問題がなく、住民の多くが管理について前向きに捉え、努力しているようなマンションはごくわずかです。

それでは、どうすれば管理の状態が適切なマンションを探せるのか。一つの目安になるのが、マンション管理業協会が手掛けている「マンション管理適正評価制度」です。マンション管理適正評価制度は、マンションの管理状態や管理組合の運営について5つのカテゴリーで30項目をチェックし、6段階でマンションの管理状態を評価する仕組みのこと。不動産についての専門的な知識がない人でも、その点数を見れば管理の良し悪しがわかります。

マンションの管理状態は6段階で評価される

評価を星で評価する	ポイントランク	管理状態
★★★★★	90～100点	特に優れている
★★★★☆	70～89点	優れている
★★★☆☆	50～69点	良好
★★☆☆☆	20～49点	一部改善が必要
★☆☆☆☆	1～19点	管理に問題があるが情報開示あり
☆☆☆☆☆	0点以下	管理不全の疑いあり

出所：一般社団法人マンション管理業協会

評価を受けるのは義務ではなく、管理組合から申請をすると受けることができます。逆に言うと、評価を受けているマンションはある程度管理に自信を持っているということになるため、マンション選びのチェックポイントの一つにもなります。

もう一つ似たような名前で、国が立ち上げた制度に「管理計画認定制度」があります。こちらの場合、運営の主体となるのは地方公共団体です。マンション管理適正評価制度はチェック項目が30ありますが、管理計画認定制度は16項目＋αで、評価は〇と×のどちらかしかありません。つまり、管理計画認定制度で認定を受けられていれば、とりあえず管理の状態は及第点と判断できます。

どちらの制度も２０２２年から開始されたばかりで、まだまだ知名度が低く、認定や評価を受けているマンションが少ないのが実状です。２０２５年時点で、管理計画認定制度のほうはまだ実施が始まっていない地方公共団体もあります。

しかし、今後は中古マンション選びと管理の良し悪しが市場でもっと注目されるようになり、選ばれるマンションになるためには管理を強化することが重要だという認識も広がるはずです。

特にマンション管理適正評価制度のほうは、審査項目が細かく多岐にわたっているため、そこで一定の評価を得るためには、管理組合側の努力が求められます。その分、目標や改善点が明確になりやすいので、評価を高める努力をすれば、そのマンションの管理状況はおのずと改善されていくでしょう。

また、さくら事務所では管理レベルの水準が高いマンションを選りすぐったマンション取引サイト「BORDER5」を運営しています。BORDER5は、国やマンション管理業協会とはまた異なる独自の視点も加えて「組合運営力」「メンテナンス&資金力」「コミュニティ&住み心地力」「防災力」のカテゴリー別に各マンションの管理力を診断します。

BORDER5に掲載されているマンションは、いずれも管理力については折り紙付きですが、駅からの距離が遠い不便な物件もあります。マンションを選ぶ人は利便性を重視しているため、条件としては不利と言えますが、管理力への関心が高まれば、利便性至上主義とは一線を画す新たな評価軸でマンションを選ぶ人も増えそうです。

2030年頃には先に挙げた制度が浸透し、管理でマンションを選ぶ人が増え、業界全体の管理品質が向上していると予想します。

ホームインスペクターと物件を精査して選ぶのが当たり前に

さて、ここまで中古マンション選びのポイントについて見てきました。管理や間取りの可変性など、新築マンションを買う場合にはあまり注目しないようなポイントが多いですが、2030年頃には多くの人がこれらを当たり前に気にするようになり、中古マンションでも人気の有無がくっきり分かれるようになっているでしょう。

加えて、新たな常識になると考えられるのが、不動産エージェントやホームインスペクターとともに物件選びをすることです。

不動産エージェントとは、売り手と買い手をつなぐ仲介業者とは異なり、売り手、もしくは買い手のどちらかの側に立って取引をサポートする専門家を指します。日本では、まだあまり不動産エージェントを雇って物件探しをすることはありませんが、海外では当たり前に行われています。

買い手として雇う場合、不動産エージェントは雇い主の利益を最大化することを考えて行動してくれるので、いい物件と巡り合いやすくなります。逆に、売り手として雇う場合にも、なるべく物件が高く売れるようにサポートをしてもらえます。

とはいえ、不動産エージェントも経験知やスキルに高低はあるもの。2030年頃には、利用者がスキルも経験知も高い不動産エージェントを探すところから物件探しを始めることも、より一般的になっていくかもしれません。

それより早く定着すると考えられるのが、ホームインスペクターに住宅診断（ホームインスペクション）を依頼したうえで物件を買うことです。今のところホームインスペクションは義務ではありませんが、中古住宅の取引においては行われることが増えています。

新築でも不具合が見つかる場合はありますが、建てられてから時間が経っている中古マンションは、どこかしらに不具合が生じている可能性が高く、それをプロにチェックしてもらい、適切なアドバイスを受けることができれば安心です。

不具合に気づかずに買って、後で修繕費用が発生したり、下手をすると引っ越しせざるを得ない事態になったりしたら大ごとです。ホームインスペクターがチェックすれば、そのような事態を回避できる可能性が高く、今後はホームインスペクターを入れる（安心を買う）ことが当たり前になるでしょう。

第3章
2030年の戸建市場の行方

マンションと比べて戸建の販売価格が上がっていない理由

第3章では戸建市場の現状と、今後の展望について見ていきましょう。

ここまでマンションの話ばかりしてきましたが、マンション人気の陰に隠れて、戸建市場は冬の時代に突入しています。さまざまな側面から、「戸建よりマンションのほうがいい」と判断する人が増えたからです。

ここ10数年にわたってマンション価格は右肩上がりですが、同時期の戸建の販売価格は大きな伸びが見られません。コロナ禍の一時期は、在宅ワークの定着で部屋数の多い戸建のニーズが回復しましたが、すでにその特需も終わりました。

需要が減った要因はいくつも挙げられます。たとえば、多くの戸建はマンションより専有面積が広いですが、今は「家の広さよりも利便性を優先する」という価値観が浸透しています。ファミリー世帯であっても、駅から15分以上離れていて専有面積が100㎡以上ある戸

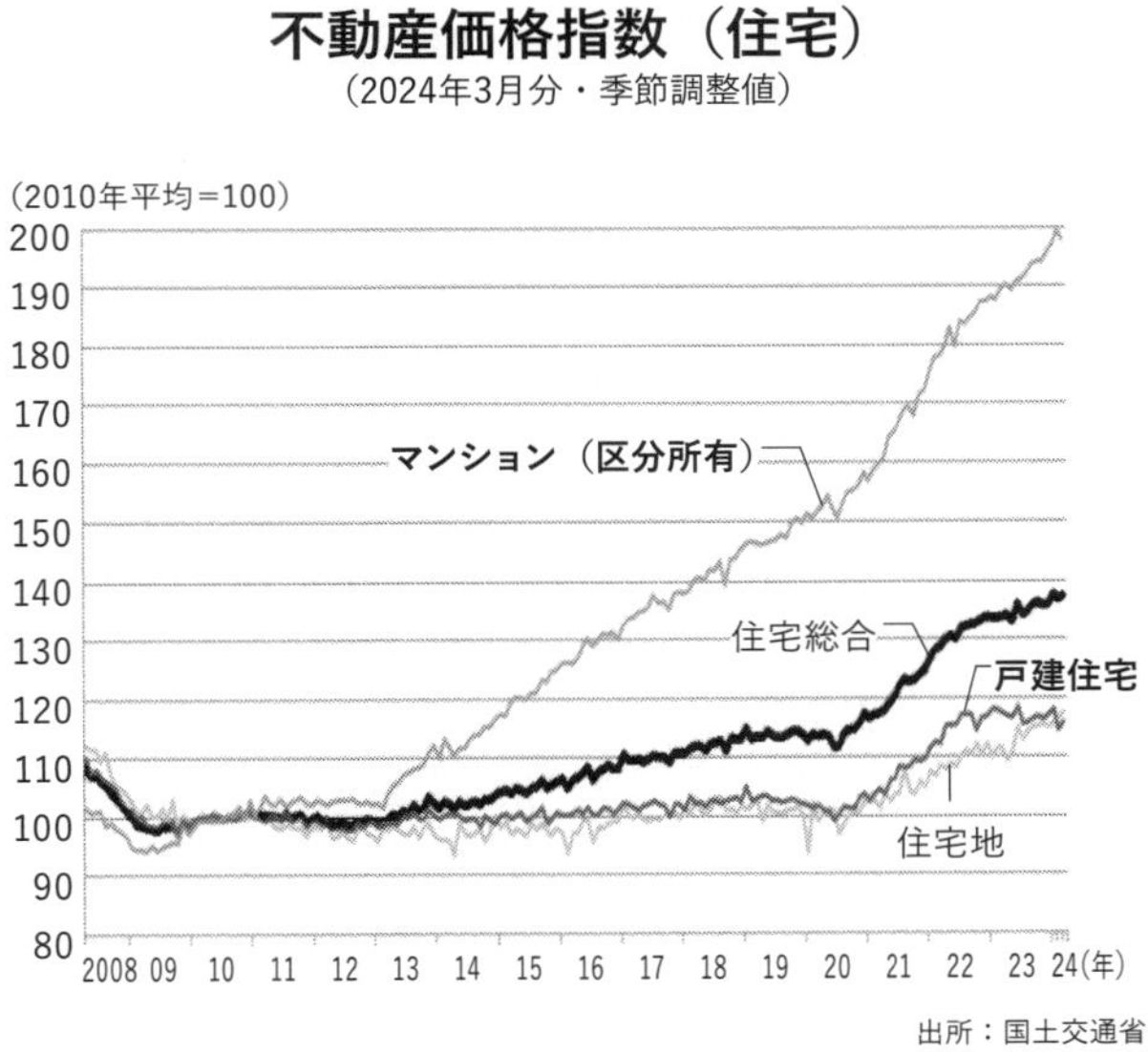
不動産価格指数（住宅）
（2024年3月分・季節調整値）
（2010年平均＝100）
200
190
180
170
160
150
140
130
120
110
100
90
80
マンション（区分所有）
住宅総合
戸建住宅
住宅地
2008 09 10 11 12 13 14 15 16 17 18 19 20 21 22 23 24(年)
出所：国土交通省

建に住むより、駅前にある専有面積60㎡のマンションに住みたい、というニーズのほうが強いのです。

マンションは幅広い年代の人に買われており、一次取得層でとりわけ多いのは30～40代です。子どもが小さいうちに家を買うパターンが多いのは今も昔も同じですが、子育て中の世帯にとっては、駅から遠い戸建よりも利便性の高いマンションのほうが断然暮らしやすいのでしょう。共働き世帯となれば、なおさらそうです。昨今、専業主婦世帯が全体の約３割まで減少し、それに代わって共働き世帯が大幅に増えたことも、駅近志向に拍車をかけています。

都市部のマイカー保有率の低下も無関係ではありません。車を持つと税金やガソリン代などの維持費がかさみますし、若年層にはそもそも車への憧れがない人が増えました。必要に応じてカーシェアのサービスを利用しやすくなったことも、車離れの要因の一つと考えられます。車がなければ、駅の近くに住んだほうが便利という判断になるのも納得です。

戸建住宅で生活するメリットとデメリット

かといって、必ずしもマンションのほうがいいとは限りません。マンションのメリット・デメリットと戸建のメリット・デメリットを比較のうえで、自分にとってどちらを選ぶのがベストかをよく考える必要があります。

戸建には、マンションにはないさまざまなメリットがあります。**何でも住民同士で話し合って決めなければならないマンションと違い、我が家の管理や修繕の計画を自分だけで全部決められるのは、戸建のメリット**と言っていいでしょう。

もちろん、相応の知識や計画性は求められますし、手間もかかります。それに、複数人で資産を共有しているマンションと違ってスケールメリットが働かないので、修繕のコスト負担も高くなりがちです。それでも、他人の意見に翻弄されて、ときに損する恐れすらあるマンションに比べると、自分の資産の問題を他人にゆだねることなく、自分で考えたい人にとっては戸建がベターです。

戸建は建物が独立しているため、周囲に音が響くことをそこまで気にする必要がなく、騒音トラブルに巻き込まれづらいのもメリット。駐車場代がかからないことや、外観・内装に好きなように手を加えやすいこと、ペットを飼いやすい点に魅力を感じる人も多いでしょう。庭付きの物件を買い、ガーデニングやバーベキューを楽しみたいという理由で戸建を選ぶ人もいます。

エリアによって一部例外はあるものの、基本的には戸建のほうがマンションより人付き合いの必然性が低いため、隣近所と密にコミュニケーションをとることなく、気楽に暮らしたい人にも向いていています。

マンションは人間関係が希薄だと思われがちですが、分譲マンションでは管理組合の総会や防災訓練などで、住民同士が顔を合わせる機会が意外とあります。むしろ、住民同士のかかわりが深く、活気があるほうがいいマンションと言えるため、近所付き合いが皆無の場合、住民が管理に無関心な人ばかりの危険なマンションかもしれません。

前述のメリットの一方で、**戸建には〝資産性が低下しやすい〟という決定的なデメリットがあります。**

土地に関していうと、都心3区・5区などのごく限られたエリアを除き、戸建が立ち並ぶ駅から離れた住宅街は、今後地価が下がる可能性が濃厚です。

土地の問題に加えて、建物の劣化の問題もあります。鉄筋コンクリート造のマンションは堅牢な造りになっており、適切な修繕をしていれば長く住み続けられて、資産価値も低下しにくいもの。それどころか、新築分譲時よりも値上がりする物件も多くなっているというのは、先にも詳しく述べました。

これに対し、木造の戸建は鉄筋コンクリート造よりも耐用年数が短く、資産価値が低下するスピードも速いです。木造の建物の法定耐用年数は22年。マンションと同じく、法定耐用年数=建物の寿命ではないものの、適切な修繕をしていなければ30〜40年でボロボロになり、大規模なリフォームや建て替えを余儀なくされます。

これが鉄骨造や鉄筋コンクリート造の戸建であれば、耐用年数はもう少し長くなります。ただ、鉄骨造や鉄筋コンクリート造の建物は手掛けている施工会社がそれほど多くはなく、コストが高くなる場合もあるため、いまだに戸建は木造が大半を占めます。

木造であろうと、適切なメンテナンスを施し続けることで寿命を延ばし、100年でも住み続けることはできます。しかし、屋根の点検・葺き替えや外壁塗装などを定期的に行い、建物の状態維持に気を配っている人は、そう多くありません。

そうしたこともあって、中古の戸建の販売価格が新築分譲時を上回ることはほぼありません。「新築の戸建は、人が住んだ瞬間から資産価値が3割下がる」と揶揄されるとおりで、マンションと比較するとコスパは悪いと言えます。

郊外では依然として戸建が強いが、立地の見極めが重要になる

マイカー保有率が低く、駅に近いマンションに住みたいというのはあくまで都心部のニーズであり、車が必須の郊外エリアでは、今でも戸建志向が強くなっています。地方都市にもタワマンが増えつつあるため、この価値観は徐々に塗り替えられていくかもしれませんが、当面はまだ戸建への引き合いも強いでしょう。

住宅メーカーも、郊外では新築の建売をローコストで建て、比較的手頃と言える価格で売るというおなじみの戦略を今も展開しています。手頃な価格に設定すれば、月々の住宅ロー

ン返済額が近隣の賃貸マンションの家賃とそれほど変わらない、もしくはそれより安い金額に収まり、「それなら戸建を買ったほうがトク」という結論に落ち着きやすいからです。ただ、それでも売れ行きが絶好調というわけではなく、大幅に値引きしてやっと売り切っているパターンもよく見られます。

車で移動するのが前提とすると、予算に合わせて気に入った家を買えば、立地はそこまで重視しなくていいと思われるかもしれません。しかし、郊外であっても立地は非常に重要です。今後、郊外エリアでは立地適正化計画にのっとって、街のコンパクト化が進められていきます。駅やショッピングモールなどが集まる中心エリアから離れすぎると、居住誘導区域から外れる恐れがあります。

もし、買った土地が居住誘導区域外になってしまった場合、すぐさま何かが変わることはないとしても、徐々に行政サービスの提供が減り、最終的にゼロになります。ゆくゆくは行き交う人がいなくなり、治安が悪化するリスクも高いでしょう。そんなところに住み続けるわけにもいかず、家を売りたいと考えたとしても、居住誘導区域外の地価はほとんどゼロになるため、売るに売れません。

買い手からするとたまったものではありませんし、そんな土地に家を建てて売るなよ、と住宅メーカーに文句の一つも言いたくなるところですが、自治体と住宅メーカーはそもそも見ている方向が違います。後者は営利が目的であり、都市計画を第一に考えているわけではありません。貧乏くじを引かないようにするには、家を買う前に自分で自治体の都市計画について把握し、自衛するしかないのです。

居住誘導区域の地価は、誘導区域外からの移住者によるニーズもあるため、維持もしくは上昇する可能性があります。その中で戸建を買おうというとき、メインの選択肢は中古住宅になる見通しです。この先人口が減り、大手住宅メーカーは海外シフトの方針を明確に表し、住宅建設に携わる技術者も減り、資材価格が高騰するなか、新築戸建の供給は減っていくと見られるからです。すでに、新築住宅の着工戸数は毎年ゆるやかに減少し始めています。

マンションでは新築物件の販売価格が吊り上がり、富裕層でなければ手が出ない状況になりつつありますが、立地適正化計画が進んだ世の中では、新築の戸建もまた、資金力のある実需層のみが買えるものとなるかもしれません。

2030年、省エネ性能が低い戸建は時代遅れに

政府が新築住宅の省エネ基準を強化していることも、新築戸建の供給ペースに歯止めをかけるでしょう。省エネに気を遣った家造りをしようとすると、どうしてもコストはかさむため、安い家をたくさん売りさばくようなやり方は不可能になります。

日本は2050年までにCO_2排出量を実質ゼロにすることを目指して、全方位的に省エネへの取り組みを進めています。その一環として、2025年4月からはすべての新築住宅に省エネ基準適合を義務化します。

省エネ基準とは、「建築物が備えるべき省エネ性能の確保のために必要な建築物の構造及び設備に関する基準」のことで、断熱等性能等級（断熱等級）と一次エネルギー消費量等級で判断します。

基準は2025年と2030年の2段階で最低ラインが引き上げられることになっており、2025年については「断熱等性能等級（断熱等級）が4以上」かつ「一次エネルギー消費量等級4以上」が最低ラインに。2030年からは「断熱等級が5以上」かつ「一次エ

戸建て住宅の断熱等性能等級は7段階で格付けされる

等級7	2022年（令和4年）10月1日施行。 暖冷房にかかる一次エネルギー消費量をおおむね40％削減可能なレベルの性能。
等級6	2022年（令和4年）10月1日施行。 暖冷房にかかる一次エネルギー消費量をおおむね30％削減可能なレベルの性能。
等級5	2022年（令和4年）4月1日施行。 断熱等性能等級4より上位の「ZEH（ゼッチ）基準」相当が断熱等性能等級5になる。断熱材や窓ガラスなどは、断熱等性能等級4以上に高いレベルの断熱が必要となる。
等級4	1999年（平成11年）制定。 「次世代省エネ基準」といわれる。壁や天井だけでなく、開口部（窓や玄関ドア）なども断熱が必要となる。
等級3	1992年（平成4年）制定。 通称「新省エネ基準」。一定レベルの省エネ性能を確保。
等級2	1980年（昭和55年）制定。 40年前の基準なので省エネのレベルは低い。
等級1	上記以外

ネルギー消費量等級6以上」になります。

住宅ローンのフラット35を借りて戸建を買う際は、すでに断熱等級4以上であることなどが必須条件になっています。つまり、省エネ基準を満たさない家を新たに建てたり買ったりしづらいように、包囲網が形成されているわけです。**2030年にはその基準がさらに上がるので、省エネ性能が低い家は時代遅れになります。**

断熱等級とは、住宅の断熱性能を判定する基準のこと。一次エネルギー消費量は、住宅などの建物で消費される冷暖房や照明、給湯といった設備機器のエネルギー量の合計値で、消費量が高いと等級が下がり、消費量が低いと等級は上がって、エネルギー効率が高い住宅と見なされます。断熱性能が高ければ冷暖房効率が高くなるため、一次エネルギー消費量は減ります。

断熱等級は少し前まで4が最高でしたが、国際的に見て高い水準とは言えず、2022年に改定されて7が最高等級になりました。省エネ基準は昔から制定されていましたが、徐々に基準のハードルが上がり続けて今に至ります。

等級1・2は1980年に制定。等級3は1992年に制定。等級4は1999年に制定されたもの。築古の物件は、その当時の省エネ基準にのっとって建てられているために断熱等級が低く、２０２１年の国土交通省の調査によれば、中古戸建の約９割は断熱等級３以下です。

断熱性能が高い物件を選ぶことの重要性

これから新築の家を建てたり建売を買ったりする場合、なるべく省エネ性能、とりわけ断熱性能の高い物件を選ぶべきでしょう。断熱性能が高ければ、居住快適性は一気に上がります。

家庭の消費エネルギーのうち、とりわけ高い割合を占めているのはエアコンです。おもに地球温暖化の影響から、日本では赤道付近の国と同じくらい気温が高い時期が長くなり、エアコンを長期にわたってフル稼働させることも当たり前になりました。

とはいえ、冬の厳しい寒さがなくなったわけではありません。当然、寒いときにもまたエアコンをつけることになるので、夏も冬も室温調節のためにエアコンなどを利用し続ければ、エネルギー消費量は上昇。光熱費の負担も家計に重くのしかかります。

その点、断熱性能が高く、家の中に外気が侵入しにくい家であれば、室内の温度が安定するために夏は涼しく、冬は暖かい家になり、冷暖房の利用頻度や稼働時間を減らせます。断熱性能が低い家では、エアコンをつけている部屋以外冷え切っていることが多いですが、断熱性能が高ければ部屋ごとの温度差が生じにくくなるため、気温差が血圧に影響することで引き起こされるヒートショックも予防できます。

ヒートショックまでいかなくても、室内の冷えは慢性的に血圧に悪影響を与え、さらにはコレステロール値を引き上げるなど、体にさまざまな不調を及ぼしやすいということが学術的に証明されています。そのため、断熱性能を高めること＝健康寿命を延ばすことにつながるとも言われているのです。

断熱性能を高めるには、施工段階で床、天井、壁に熱の逃げ道がないようにすき間なく断熱材を入れたり、機密性能の高い窓、あるいはドアを取り付けたりと、さまざまな方法が挙げられます。近年は技術が進歩し、夏も冬も内部は快適な温度を保つことができて、冷暖房費があまりかからない家造りが可能になりました。

その好例が北海道ニセコ町の高性能住宅です。スキーリゾートであるニセコ町は、省エネと再エネを促進する実験的なＳＤＧsモデル地区「ニセコミライ」を創設するなど、環境に配慮した都市計画に力を入れています。

２０２４年12月には、このニセコミライの中に断熱等級7で省エネルギー性能等級6という条件をクリアした、高性能賃貸住宅「モクラスニセコA棟」が上棟しました。

そのプロトタイプとして２０２３年に建てられたのが、木造の賃貸集合住宅「Ｎｉｓｅｋｏ Ｂｏｋｋａ（ニセコ ボッカ）」です。このニセコ ボッカは、氷点下20度まで達することもあるという冷え込みの厳しいニセコの地に位置しながら、光熱費が月３０００～５０００円程度という破格の安さに抑えられています。

ニセコ町の一般の住宅では、エアコンだけでは事足りず、灯油のファンヒーターなども併用することで寒さをしのぎます。そのため、暖房代だけで月3万～5万円以上かかることもザラ。しかし、ニセコ ボッカは家庭用のエアコンだけで快適に生活できて、寒さに悩まされることはありません。

ニセコ ボッカの建物は分厚い断熱材で覆われ、3枚のガラスと2層の空気層から成るトリプルガラスの窓を採用。断熱性能が低い家だと、窓から冷気が入るため窓辺が冷えがちですが、ニセコ ボッカ内は窓の近くも暖かです。ニセコ ボッカの断熱等級は6相当なので、断熱等級7のモクラスニセコA棟はさらにその上をいく水準ということになります。

省エネ性能が高い家は資産性を維持しやすい

断熱等級が高い省エネ基準適合住宅のほかにも、省エネ住宅と呼ばれる戸建にはいくつかの種類があります。

一つは、長期優良住宅です。その名のとおり、長期にわたって良好な状態で住み続けられる家を指し、「居住環境」「住戸面積（75㎡以上。1階の床面積が40㎡以上）」「省エネルギー性」「劣化対策」「耐震性」「維持管理・更新の容易性」「維持保全計画」「災害配慮」の8項目で条件をクリアすると認定されます。断熱等級が5以上であることなどが、省エネルギー性の認定基準になります。

満たすべき要素が多いことから、普通に家を建てるよりも5～10％程度は建築費用が高くなりますが、光熱費が安くなるばかりでなく資産性を維持でき、しかも減税や補助金を受けられ、地震保険の保険料割引もあるため、長い目で見ればお得でしょう。

CO_2の排出量を抑制する低炭素住宅も、省エネ住宅の一種。省エネ性能が高いだけでなく、屋上緑化などのヒートアイランド対策をしていたり、雨水処理システムを導入していたりすることが認定条件となっており、やはり自治体からの補助金が受けられる可能性があります。

そのほか、最近よく聞かれるようになったのがＺＥＨ（ゼッチ）住宅です。ＺＥＨとはnet Zero Energy House の略で、断熱・省エネとともに、太陽光発電などでエネルギーを作る（創エネ）ことによって、消費エネルギー量を差し引きゼロにする住宅のこと。２０３０年から、新築住宅はＺＥＨ住宅が標準となる予定です。

ＺＥＨ住宅の進化系がＬＣＣＭ住宅です。ＬＣＣＭ（Life Cycle Carbon Minus）住宅は建物の建設時から廃棄時に至るまで、すべての工程でなるべくCO_2を削減し、創エネにも取り組むことで、長期で見てCO_2の収支をマイナスにすることを目指す住宅。今はまだＺＥＨ住宅が直近の目指すところですが、ＺＥＨ住宅が標準化した次の段階では、ＬＣＣＭ住宅の普及が進められるでしょう。

今後、省エネは当たり前になり、各家庭での創エネの定着化も図られることになります

ZEHとLCCM住宅

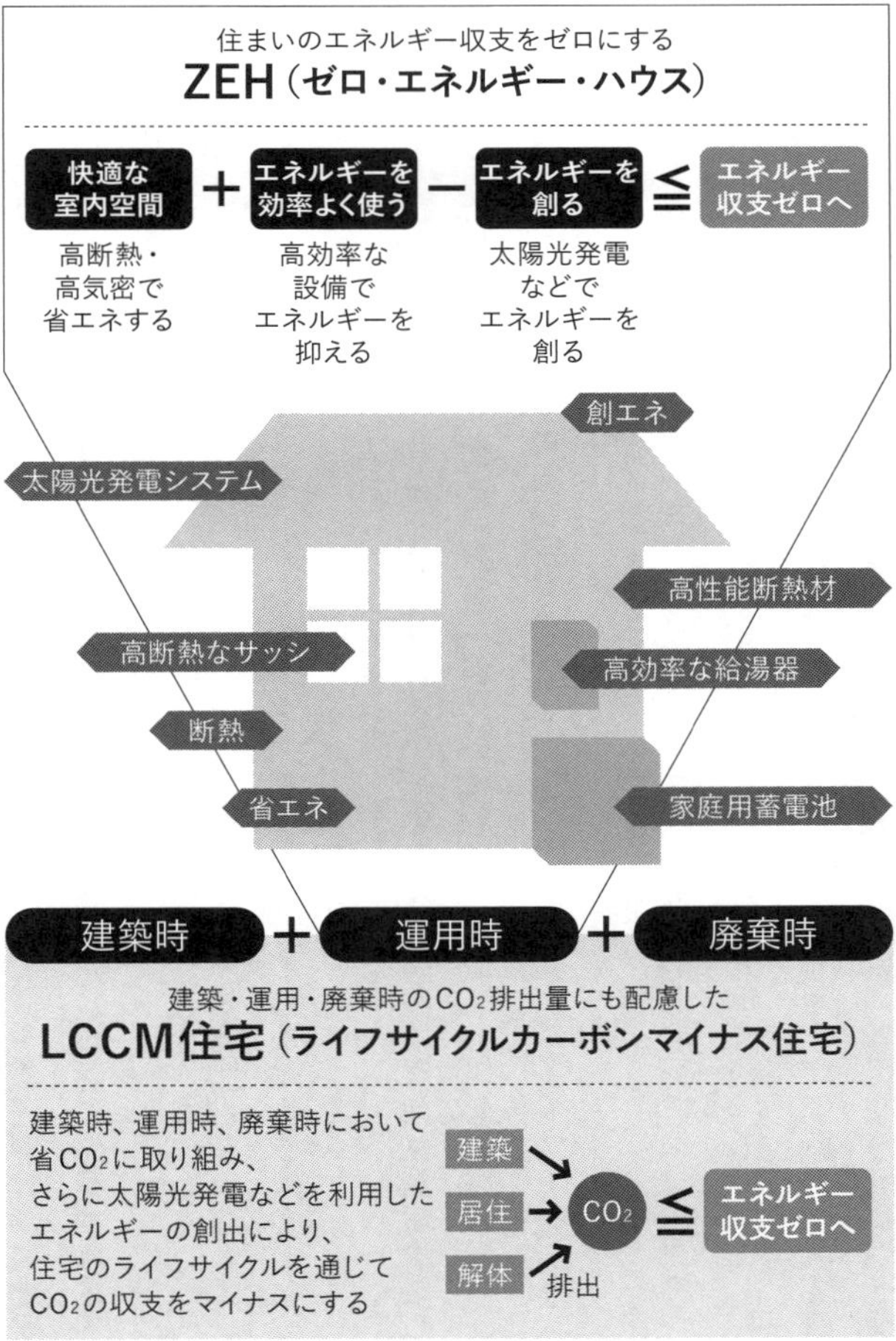

出所：国土交通省「ご注文は省エネ住宅ですか？」https://www.mlit.go.jp/jutakukentiku/shoenehou_assets/img/library/setsumeigimumanga.pdfを加工して作成

が、すでにいくつかの自治体では、新築住宅への太陽光パネルの設置を義務づけています。東京都もその一つで、2025年4月から開始予定。2025年4月以降に建築される、延床面積2000㎡未満の建物が対象です。

これに先立ち、都では省エネ住宅の新築や既存住宅の省エネ改修に補助金も出していいます。地球温暖化は待ったなしの状況であり、脱炭素化を少しでも進めるためには必要な取り組みと言えるでしょう。

これまでもそうだったように、省エネ基準は技術の進歩と環境問題の深刻さが増すにつれて、ますます引き上げられていく見通しです。それを考えると、これから家を建てたり買ったりするのであれば、省エネ性能の高い家を選ぶことが資産性の維持につながると言えます。

また、せっかく省エネ住宅を建てても、メンテナンスをせずに何十年か経ったところですべて建て替えるようでは、省エネとは言えません。既存のものを大事に使っていくことも、重要な省エネ行動です。これまでの日本では、戸建の場合だと30～40年くらい経ったら建て替えるのが当たり前のように考えられてきましたが、今後はマンションのようにメンテナンスしながら長く住むのが常識になるでしょう。

耐震補強や水害対策をしていない戸建は価値を維持しにくくなる

省エネ性能以外で戸建の価値を高められるのは、災害対策をすることです。

まず地震対策は必須でしょう。大規模な地震が起こるたびに議論されるのが、建物の耐震化です。古い木造住宅ほど大地震で倒壊するリスクは高まるので、全国の自治体は耐震補強を奨励しており、補助金事業も活発に行っています。

地震の揺れに強いのは鉄骨造や鉄筋コンクリート造ですが、木造でも耐震性の高い家を造ることはできます。戸建の耐震等級は1〜3の3段階あって、耐震等級1は1981年6月に改正された建築基準法がベース。震度6〜7の地震でも住宅が倒壊しない、なおかつ震度5程度の地震では損傷もしない性能を有することを意味します。

耐震等級2は、耐震等級1の1・25倍の地震に耐えられる性能です。長期優良住宅の基準として採用されているのは耐震等級2なので、2でも十分耐震性は高いと言えます。

最高水準の耐震等級3は、耐震等級1の1・5倍の地震に耐えられる性能を持つ場合に認定されます。震度7クラスの地震が連発した2016年の熊本地震の際、耐震等級1の住宅は1回の地震にはどうにか持ちこたえたものの、2回目で倒壊というケースが見られました。一方、耐震等級3の住宅は複数回の大揺れでも倒壊した建物はありませんでした。

今後も確実に各地で大地震は発生します。鉄筋コンクリート造のマンションは戸建よりも揺れに強いため、その意味でもマンション人気が高まっている部分がありますが、戸建に住むなら耐震性の強化は必須です。

断熱等級と同じく、耐震等級の基準も今後変わっていく可能性はありますが、現時点でなるべく最高の等級に合わせた住宅を選びたいもの。そうすれば住むうえでも安心ですし、地震の後もそのまま同じ家に住み続けられる可能性が高いので、コストは回収できるでしょう。しかも、地震保険の保険料の割引などのオマケもついてきます。

また、建物内に振動軽減装置を設置したり、屋根を重い瓦からガルバリウム鋼板のような軽量の素材のものに変えたりと、中古住宅をリフォームすることでも耐震性は上げることができます。

地震以外に増えているのが水害です。河川が溢れる洪水（外水氾濫）に加え、都市部では内水氾濫が急増。河川の近くや低地が被害に遭いやすく、特に地下に部屋や駐車場を設けている戸建は被害に遭いやすくなります。ハザードマップを見れば一目瞭然のため、今後、災害地域の戸建は売れづらくなるでしょう。

災害が激甚化している今、どんな場所にあっても水害のリスクはゼロにはできません。そのため、床上浸水を防ぐために高基礎に仕上げてある戸建などは、防犯面でもシロアリの予防といった面でもメリットがあり、ほかの物件と差別化を図ることができます。

「使わない実家を賃貸に出す」はなぜ容易でないのか

戸建を建てるとき、選ぶときのポイントを見てきました。加えて、知っておきたいのは戸建市場のストックが積み上がり続けているという現実です。

海外には、新規住宅の着工数を政府が制限する総量規制を実施している国もありますが、日本では行われてきませんでした。規制を設けずに住宅を過剰供給し続けたことが、昨今の空き家問題の元凶です。２０２５年時点で全国の空き家数は９００万戸を超えており、地方では5軒に1軒が空き家というところも出てきています。

人が暮らしていない空き家は定期的な換気や清掃が行われないため、急速に劣化します。そのような空き家が増えると、街の景観は荒廃し、治安にも影響。政府は空き家問題の対策として、所有者への課税の強化や相続登記の義務化などを行い、近隣に悪影響を及ぼす迷惑空き家を極力減らすことを目指しています。

ただ、それらが問題の抜本的な改革になるとは思われないため、今後も空き家問題は続いていくでしょう。中古住宅のストック数を考えると、もはや新築の住宅は供給する必要がないほどです。新築住宅の過剰供給はペースダウンしているので、長い目で見ればいずれ解決するでしょうが、それにはかなりの時間がかかります。

相続などで空き家を所有している人も年々増えています。住む予定はないとはいえ「思い出のある家を売るのはしのびない」などの考えから、「売らずに貸せないか」と考える人も多いですが、**よほど好立地ではない限り、賃貸に出すのはおすすめできません。**

そこそこきれいに保った家でも、人に貸すためにはある程度のリフォームが必要です。まして、しばらく空き家として放置していたとしたら、建物が傷むのでリフォームすべき箇所は増えます。状態にもよりますが、恐らく数百万円という単位にはなるでしょう。

周辺の家賃相場からどの程度の賃料収入を得られそうかをチェックし、投資額や維持のためのランニングコストと収入が見合うか否かを確かめてみてください。到底見合わないのであれば、なるべく早く売却したほうがいいでしょう。賃貸住宅として貸し出すのではなく、民泊サービスのＡｉｒｂｎｂで貸すのも、観光地や都市部でない限り、初期投資と収入が釣り合わない可能性が高くなります。

場所によっては売却も難しいですが、少しでも見込みがありそうなエリアであれば、ほかの物件と差別化するため、多少の工夫をしてみてください。物件は第一印象が大事なので、外構（玄関アプローチ、塀、植栽など）を整えて見栄えをよくし、物件情報サイトに写りのいい写真を掲載するだけでも、まったく引き合いが変わってきます。

内装は、そこまでお金をかけて手を入れる必要はありませんが、水回りの清潔感は購買意欲に大きく影響します。業者を入れて徹底的に清掃するのがおすすめです。また、見落としがちですが、古い照明の電球を付け替えて、室内を明るく見せるだけでも印象は変わります。住宅のストックが増え続けるなかでは、このようなちょっとした工夫による差別化が売却のチャンスにつながることもあるので、挑戦してみましょう。

第4章

2030年に〝地価が上がる〟地域とは？

東京都の注目エリア1

江東区・住吉駅周辺

日本の不動産市場は三極化し、大部分のエリアで地価は下がっていきます。有望なエリアといえば都心部の好立地や人気の観光地でが、すでに価格が上昇していて買いづらい状況になっています。

ただ、東京の都心3区・5区のようなわかりやすい好立地以外にも、さまざまな要因から値上がり、あるいは価格の維持に期待できるエリアも全国にあります。

そこで第4章では、筆者が顧問を務める不動産エージェント会社・らくだ不動産のメンバーがおすすめする、東京・神奈川・埼玉・大阪・福岡・熊本の6地域で注目のエリアを順に紹介していきましょう。

最初に紹介するのは、東京都江東区の住吉駅周辺です。江東区は東京都の東南部に位置し、中央区や港区などに隣接します。東京湾岸のエリアも多く、有明や豊洲の一帯には多く

東京都で注目のエリアは?

のタワマンが立ち並びます。なお、東京湾に接するエリアの大部分は江戸期から昭和期にかけて造られた埋立地であり、区内は全体として低地が多くなっています。

区としてスポーツに力を入れており、2021年開催の東京オリンピックの会場としても活用されたスポーツ施設がたくさんあります。また、木場公園や清澄庭園、東京都現代美術館のような、散策にもってこいのスポットも充実しています。

ここで紹介する住吉の街は、江東区の中では海からやや離れたところに位置しています。都心にアクセスしやすい好立地のわりに、猿江恩賜公園や横十間川、小名木川などがあって、自然は豊か。ちなみに、都内屈指の観光名所である東京スカイツリーは徒歩圏内です。

住吉駅には都営新宿線、半蔵門線が乗り入れていますが、注目のトピックは2030年代半ばまでには有楽町線が延伸予定であること。これは豊洲駅から東陽町駅を経由して住吉駅を結ぶ新線で、2024年の秋に工事が始まったばかりですが、新線効果での地価上昇に期待が持てます。

住吉駅の近隣にあってアクセスしやすい錦糸町駅にはＪＲ総武線が通り、また森下駅には都営新宿線や都営大江戸線、隣駅の清澄白河駅には半蔵門線が通っています。いずれも渋谷

有楽町線は2030年代半ばに延伸予定

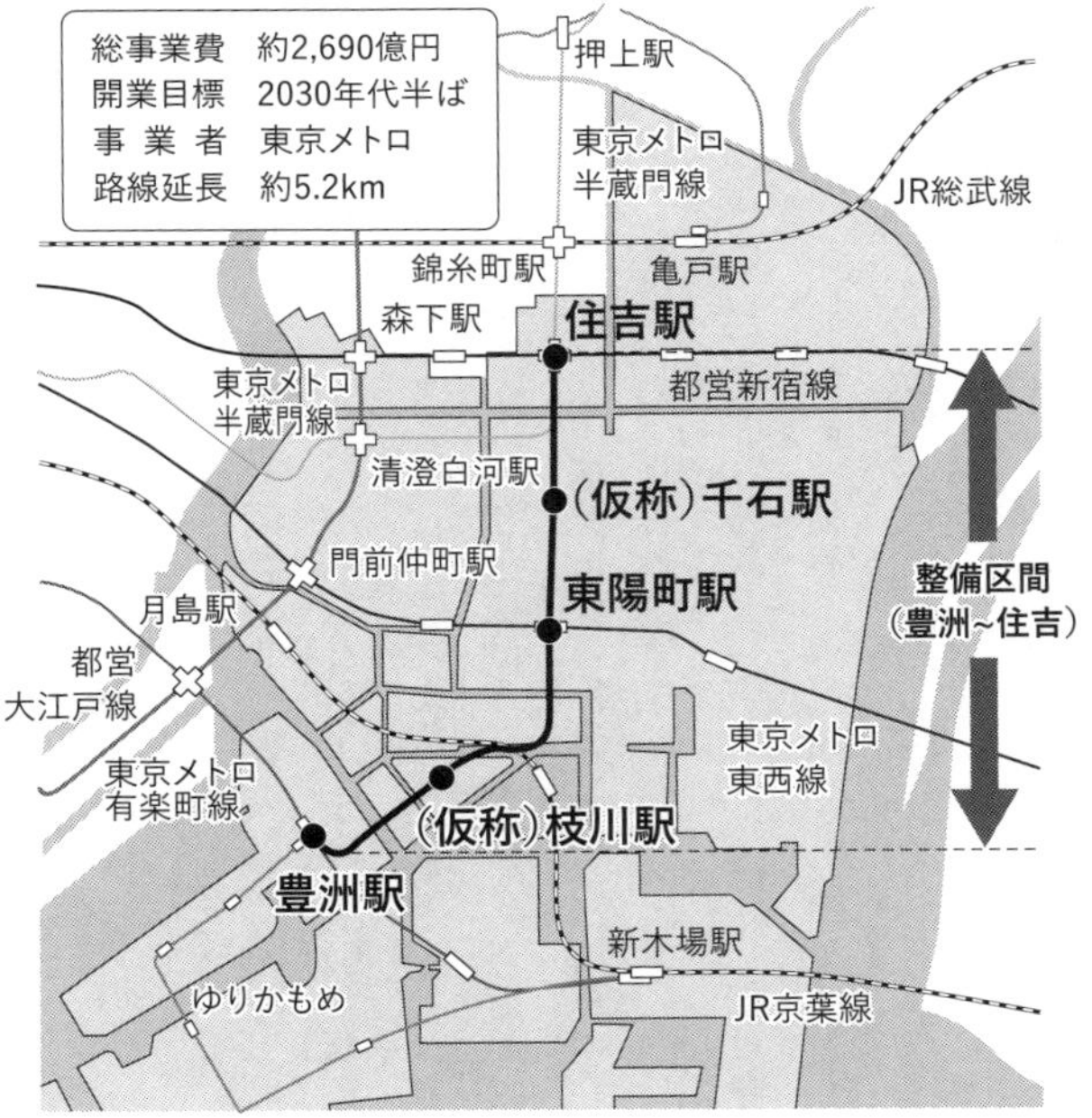

出所：江東区ホームページ

や新宿といった巨大ターミナル駅につながる路線であることから、住吉の一帯は非常に交通の便に富んだエリアと言うことができます。

それでいて、住吉は周辺の錦糸町や清澄白河、森下、門前仲町、東陽町などと比較すると幾分知名度が低く、不動産価格も賃料もやや安くなっています。今後、有楽町線の延伸で利便性がアップすることを考えると、今ならまだお得感があるでしょう。

町並みには下町の風情が残り、大通りを抜けると閑静な住宅街が広がっています。タワマンの立ち並ぶ湾岸エリアのような、未来的な雰囲気とはかけ離れています。マンションが多いと地域ではファミリー層が増え、週末ともなるとショッピングモールはファミリーだらけになりがちですが、住吉は古い町並みと新しい町並みが混在し、単身者からファミリー、高齢者まで幅広い層が住んでいるため、道行く人に画一的な印象はありません。

昔ながらの商店街に加えて、大型スーパーマーケットやホームセンターなどの生活に便利なショップも一通り揃っているので、生活のしやすさは折り紙付きです。繁華街ではないため、賑やかすぎる環境が苦手な人にもってこいでしょう。

ただし、洪水ハザードマップを見ると、住吉駅周辺は大部分が0・5～3mの浸水想定エリアに該当しています。前述のとおり江東区は低地で、なかには海抜ゼロメートル地帯もあります。物件を選ぶ際は、水害への備えを万全にしていることを外せない条件として考えたほうがいいでしょう。

東京都の注目エリア2
西東京市・田無駅周辺

続いて紹介するのは、同じ東京でも都下の西東京市に位置する田無駅の周辺です。西東京市は東京23区の練馬区と隣接。人気の繁華街・吉祥寺を擁する武蔵野市とも隣り合っています。

田無駅は西武新宿駅と埼玉県の本川越駅を結ぶ西武新宿線沿いの駅で、急行停車駅です。西武新宿駅までの所要時間は約30分。西武新宿駅はJR新宿駅から徒歩6～10分程度離れていてやや不便ですが、途中の高田馬場駅でJR山手線や東西線に、中井駅で都営大江戸線に乗り換えられることもあって、都心へのアクセスは良好です。

西武新宿線の急行が停まらない駅の周辺は、新宿区内の都心エリアを除き、比較的地価や賃料が安くなっています。その中で言うと、急行が停まる田無駅周辺は不動産相場がやや高めになっているものの、交通や生活利便性と価格のバランスはとれています。

田無駅周辺には超大型の商業施設こそありませんが、駅の北側を中心に中規模モールやスーパーマーケット、ドラッグストアなどが揃っており、生活利便性に不足はありません。駅の南側は都市計画道路事業により、ロータリーが設営される予定。基本的に治安は良く、住宅街は戸建が多いため、戸建希望の人に特におすすめできます。

田無の一帯は、標高が高くて地盤が強いと言われる武蔵野台地上に位置します。武蔵野台地はところどころに揺れやすい地点もあるものの、総じて地震の揺れに強く、建物を建てる際に地盤補強などが不要になることも多いエリアです。

ハザードマップで浸水想定区域に該当しないエリアが多いのも安心材料です。ただ、田無駅の南側を東西に流れる石神井川は、過去に流域でたびたび洪水が発生してきました。長年にわたって調整池の整備などが進められてきたものの、災害の激甚化によって今後も洪水の恐れは残るため、周辺で家を買う際には水害対策に留意すべきでしょう。

神奈川県の注目エリア1

横浜市・センター南駅、センター北駅周辺

続いては、神奈川県の注目エリアを2カ所ピックアップします。神奈川県は関東では第二の人口密集区域で、人口50万人以上の政令指定都市が3つあります（横浜市・川崎市・相模原市）。なかでも、横浜市の人口は370万人を超え、突出して多くなっています。

横浜市は面積が広いですが、ここで取り上げるセンター南駅やセンター北駅の一帯は、横浜市北東部の川崎市に程近いエリアに位置します。両駅ともに、港北ニュータウンの中核駅としてよく知られています。

港北ニュータウンは横浜市の人口急増に伴って、1970年代から1990年代まで長期にわたって開発が続けられてきました。すでに開発され切っている印象で、さらなる開発による地価上昇などは見込みづらいものの、安定的な人気は維持しているため、今後も急落はしづらいでしょう。

神奈川県の注目エリアは?

そんな港北ニュータウンには、さまざまな魅力があります。まず、買い物利便性が抜群に高いこと。センター北地区には「ショッピングタウンあいたい」「モザイクモール港北」「ノースポート・モール」「プレミアヨコハマ」「YOTSUBAKO」、センター南地区には「港北TOKYU S.C.」「キーサウス」「サウスウッド」、中央地区では「港北みなも」「ルララこうほく」「コーナン港北センター南モール」など、数々の複合商業施設が一堂に会しています。なお、センター南駅、センター北駅の間は徒歩での行き来もできる距離感です。

ショッピングモールだけでなく、区役所や市のパスポートセンターといった行政施設も、両駅周辺に集中。その他、病院や保育施設といった人々の生活を支える施設も集まっているため、あらゆる年代の人にとって生活しやすいでしょう。

近代的な街並みが広がる一方で、都筑中央公園などの公園施設もあり、緑が多いところも港北ニュータウンの特徴です。この都筑中央公園はセンター南駅から徒歩5分程度の近さにありますが、東京ドーム4個分ほどの広さで丘陵もあり、ちょっとしたハイキングを楽しむことができます。

高度経済成長期、住宅不足の解消を目的として開発された全国のニュータウンは都市郊外に設けられましたが、港北ニュータウンは都心にアクセスしやすい好立地にあります。センター南駅とセンター北駅を通る横浜市営地下鉄は、神奈川最大のターミナル駅である横浜駅や、新幹線が通る新横浜駅を結びます。東急東横線の日吉駅や東急田園都市線のあざみの駅にもつながっているため、横浜駅のほか、渋谷駅やショッピングタウンとして人気の二子玉川駅にも出やすく、アクセス至便と言っていいでしょう。

周辺に名門と言われる小・中・高校が多いこともあり、住民には比較的教育熱心な層や、教育に惜しみなく資金を出せる層も目立ちます。民度が高いエリアと表現されることもあり、そのような環境を求める人におすすめです。

神奈川県の注目エリア2
藤沢市・辻堂駅周辺

神奈川県南部、相模湾沿岸の湘南エリアに位置する辻堂駅は、JR東海道本線の沿線にあり、横浜駅までの乗車時間は20〜30分ほど。都内の東京、品川、渋谷といった主要駅にも1時間以内で移動することができるため、無理なく都心に通勤できるエリアとして注目されています。

なかでも辻堂駅周辺を推すのは、開発が進んだきれいな街並みの魅力と、海が近く自然が豊かという湘南ならではの良さを〝両取り〟できるエリアだからです。辻堂駅前には2011年、当時湘南地域で最大級だった「テラスモール湘南」がオープンし、人の往来がますます活発になりました。

辻堂駅周辺には茅ヶ崎市エリアと藤沢市エリアが混在していますが、おすすめは藤沢市エリアです。藤沢市は1920年から人口及び世帯数が右肩上がりで推移しており、歳入予算に占める市税の割合が横浜市、川崎市、相模原市の政令指定都市を除く県内16市中で1位。湘南のブランド力に加え、都心へのアクセスの良さとショッピングスポットが充実していて生活しやすいことが、人気を支える要因です。

藤沢市の中でも辻堂駅周辺は特に人気で、南口の駅前には湘南エリア最高層となるタワマンが2025年9月に竣工予定。2025年1月現在すでに26階以下は完売しているようで、人気の高さがうかがい知れます。

また、辻堂駅からは徒歩で20分以上の距離がありますが、2014年にパナソニックの工場跡地に誕生した「Fujisawaサスティナブル・スマートタウン（FSST）」も話題です。FSSTはパナソニックが手掛ける住宅中心のスマートタウンで、コンセプトは「100年先も『生きるエネルギー』がうまれる街。」。藤沢市のほか、さまざまな民間企業や慶應義塾大学などが連携し、タウン内の随所で先進的な取り組みを行っています。

たとえば、タウン内の住宅はすべて太陽光発電システムと蓄電池、HEMS（ホームエネルギーマネジメントシステム。住宅のエネルギーを管理するシステムのこと）を標準装備。ロボットによる配送サービスの実験が行われていたり、タウン内にエコカーシェアリングやシェアサイクルステーションがあったりと、環境にやさしく持続的に発展する街づくりが展開されています。

このFSSTの最寄り駅の辻堂駅から徒歩10～20分圏内のエリアには住宅街が広がり、2025年初頭時点では、新築・築浅で3LDK程度の戸建が5000万～6000万円台で流通しています。とはいえ、駅から離れすぎると将来的な価値の下落幅は大きくなるため、選ぶ際にはよく考えるべきでしょう。

ちなみに、海に面している湘南エリアは津波の心配をされがちですが、辻堂駅の南を走る神奈川県道30号より北側のエリアについては、基本的に洪水や高潮、津波の浸水想定区域外となっています。

埼玉県の注目エリア
和光市・和光市駅周辺

続いて、埼玉県の注目エリアを紹介します。埼玉県内の推計人口は、2024年まで3年連続で減少。栃木や群馬、長野、山梨寄りの郊外エリアは人口が少なく、東京に隣接しているエリアや都市部は人の出入りが活発です。

ここで取り上げるのは、東京都の板橋区や練馬区に隣接している埼玉県南部の和光市です。和光市駅には東武東上線、東京メトロ有楽町線、副都心線という3つの路線が乗り入れており、いずれも東京の主要ターミナル駅の一つである池袋駅につながります。たとえば、東上線の急行であれば約13分で池袋に出られます。

池袋以外にも、有楽町線なら永田町、有楽町、副都心線なら新宿三丁目や渋谷の各駅に乗り換えなしで行くことが可能。副都心線は渋谷駅から東急東横線、みなとみらい線に直通のため、横浜方面にも一本で行けます。和光市駅始発の路線が多いため、座って通勤しやすいほか、帰路も乗り過ごすことが少ないところも魅力です。

和光市でも、エリアによっては和光市駅以外に都営三田線沿いの西高島平駅（板橋区）や、都営大江戸線沿いの光が丘駅（練馬区）を利用できます。どちらの路線も都心の主要駅とつながっているため、さまざまな場所に出やすいでしょう。

さらに、東京外環自動車道（外環道）の和光北ＩＣや首都高速5号池袋線の高島平ＩＣとの距離が近く、車で遠出をすることが多い人も便利さを実感できるはずです。

こうした強みを活かし、和光市は着々と人口を増やしています。２０２４年7月24日に総務省が公表した人口動態調査によると、埼玉県内の自治体で人口増加率が1位なのは、さいたま市緑区の１・０１％ですが、和光市は０・９１％で第2位です。

和光市の人口が自然増（死亡数に比べて出生数が多いこと）を続けている理由は、若い世代が流入し、定着しているからです。和光市は子育て世帯の呼び込みに熱心で、２０１４年にはフィンランドの制度をモデルに「わこう版ネウボラ」制度を導入しました。ネウボラとは「アドバイスの場」を意味し、子育ての不安を解消することを目的とした子育て世代包括

埼玉県の注目エリアは?

上里町
美里町
滑川町
嵐山町
桶川市
北本市
伊奈町
神川町
深谷市
本庄市
羽生市
蓮田市
長瀞町
熊谷市
行田市
白岡町
東秩父村
寄居町
加須市
幸手市
皆野町
小川町
鴻巣市
久喜市
宮代町
杉戸町
吉見町
春日部市
小鹿野町
東松山市
庄和町
ときがわ町
鳩山町
川島町
横瀬町
上尾市
松伏町
越生町
坂戸市
岩槻市
秩父市
吉川市
川越市
さいたま市
越谷市
飯能市
日高市
狭山市
川口市
入間市
毛呂山町
所沢市
戸田市
草加市
鶴ヶ島市
蕨市
八潮市
ふじみ野市
和光市
新座市
三芳町
三郷市
富士見市
朝霞市
志木市

支援センターを市内5カ所に置くなど、子育て世帯を手厚く支援しています。ほかにも、和光樹林公園や大規模遊具のある総合児童センターなど家族で楽しめる施設が充実しているため、子育て世帯にとって住みやすいことは間違いありません。

和光市駅周辺は再開発も進んでいます。２０２０年3月には駅ビルが開業し、２０２１年12月には総合児童センターや保健センター、民間収益施設などを一体的に整備した複合施設「わぴあ」が開業しました。

駅の北口周辺は道路が狭く、住宅が密集しているエリアですが、和光市は２００８年度から区画整理事業を推進。２０２４年3月には「和光市駅北口第一種市街地再開発事業」の都市計画を決定しました。計画によると、大規模複合施設の建設などに取り組み、２０２６年度の着工を目指します。新たな施設がオープンすれば、駅前にはますます賑わいが生まれるでしょう。

和光北ＩＣ東部地区の土地区画整理事業も進められています。国道２４５号バイパスの整備と外環道の延伸計画を機に、沿道の土地と広域的な幹線道路を活用した新産業関連施設及び物流関連施設を主体とした工業地としての土地利用を図るという内容で、新たな産業の集積を図るのが狙いです。

駅周辺と和光北IC地区を自動運転バスで結び、路線バスやコミュニティバス、タクシー、シェアサイクル、マイクロモビリティなど、さまざまな交通手段と連携し移動のしやすさを確保する「和光版MaaS」の導入も検討されています。

MaaSとは、Mobility as a Service の略で、専用アプリによりバスや電車、タクシーといった複数の交通機関や、シェアサイクルなどの移動手段を組み合わせて、最適な移動手段の検索・予約・決済を一貫して行うサービスのこと。和光市では利便性の高い公共交通網を整えることで多くの地域住民の外出機会を増やし、健康増進や介護予防に寄与することも想定。末永く住みやすい街づくりが進められています。

大阪府の注目エリア1
大阪市内中心部(北区・中央区)

ここからは、大阪の注目エリアを見ていきましょう。大阪府の中心といえば大阪市。梅田や難波を中心に発展してきた日本第二の大都市です。コアエリアと言えるのはその梅田や難波の周辺で、路線で言うと大阪メトロ御堂筋線の梅田駅〜なんば駅間、堺筋線の天神橋筋六丁目駅〜日本橋間、谷町線の天神橋筋六丁目駅〜谷町九丁目駅間、四つ橋線の西梅田駅〜なんば駅間あたりが該当します。

梅田や難波がある北区、中央区は数々の商業施設が集中。道頓堀や心斎橋、大阪城といった人気観光スポットがあるほか、交通の要所でもあり、利便性が極めて高いことから、すでに不動産価格はかなり上がっています。

コアエリア内でも古くから人気があるのは、大阪城から天王寺方面にかけての上町台地エリアです。この一帯は地盤が強いと言われ、大阪府庁や大阪府警察といった大阪の主要公的機関が集中しており、この先も地価が低下する可能性は低いでしょう。

また、近年脚光を浴びているエリアにうめきた地区があります。うめきた地区は、大阪駅北側の旧梅田貨物駅の跡地のことで、この約24haの敷地を開発するうめきたプロジェクトは、2002年から着々と進められてきました。

すでに2013年には、複合商業施設「グランフロント大阪」がオープン。さらに2024年9月には、こちらも商業店舗やオフィスなどで構成される「グラングリーン大阪」

大阪市の注目エリアは?

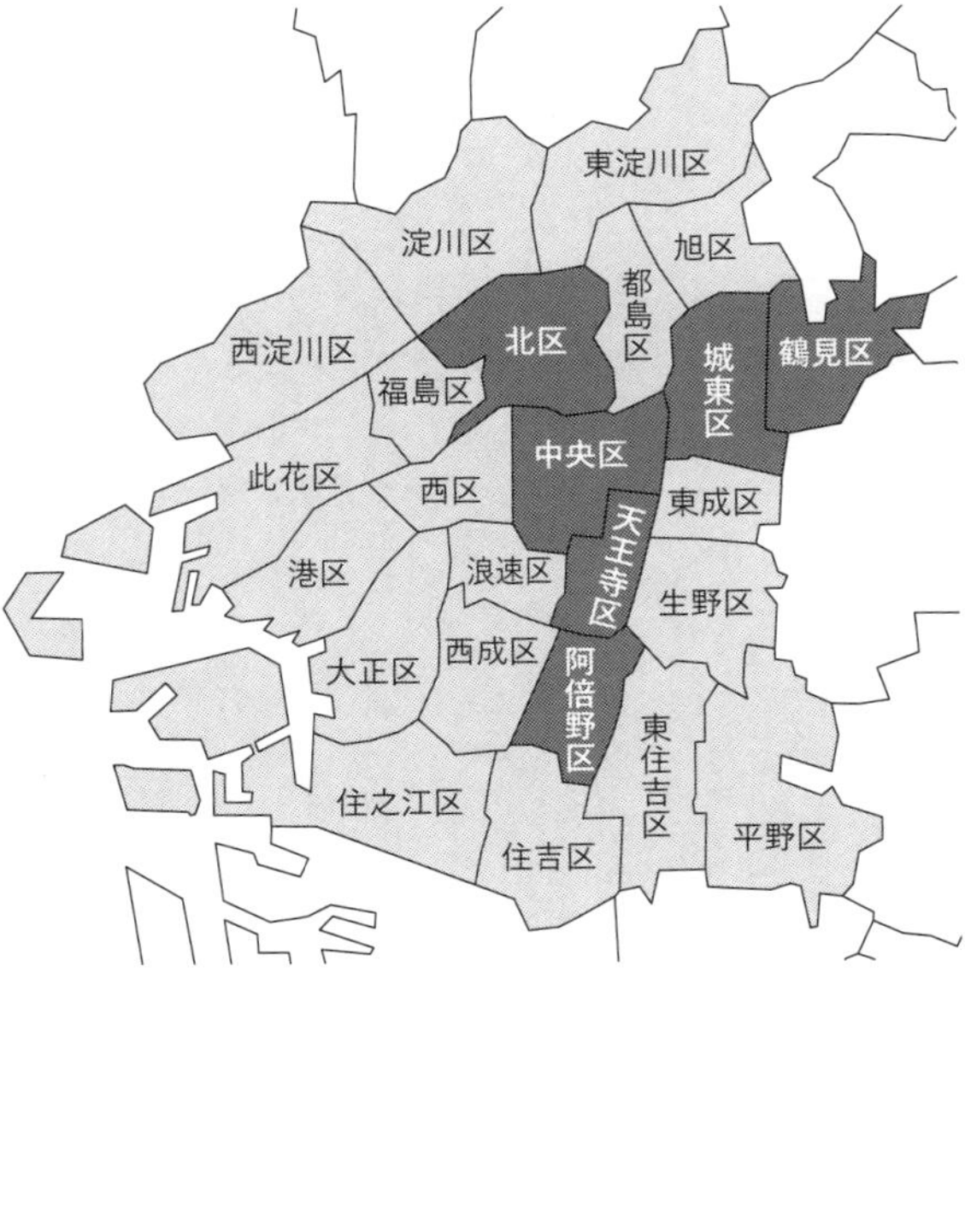
東淀川区
淀川区
旭区
都島区
西淀川区
北区
城東区
鶴見区
福島区
中央区
此花区
西区
東成区
天王寺区
港区
浪速区
生野区
西成区
大正区
阿倍野区
東住吉区
住之江区
住吉区
平野区

の一部がオープンしました。

グラングリーン大阪は、従来の複合商業施設と同様にショップやホテルが入るほか、JR大阪駅直結の広大なうめきた公園も有しています。うめきた公園は、その造形美や都市の中心部とは思えないほどの開放感から、早くも来園者に高い評価を受けています。

交通利便性が高いうめきた地区は「関西最後の一等地」と呼ばれてきましたが、グラングリーン大阪内のタワマンには関西最高額として話題になった25億円の住戸があり、即完売したことでも耳目を集めました。

この事例からもわかるように、東京の都心3区・5区と同様、大阪コアエリアの新築物件は、もはやマス層をターゲットにしておらず、国内外の富裕層をターゲットにしています。もちろん、今後とも期待値の高い狙い目のエリアではありますが、あくまで資金力があれば、という但し書き付きになります。

大阪府の注目エリア２
大阪市阿倍野区・天王寺区・城東区・鶴見区

大阪市の中心部（北区・中央区）からやや離れると、不動産価格は現実的な水準になってきます。そのため、隣接する福島区や西区あたりには若い世代が集まり、徐々に注目度が高まっています。

そのほかに注目しておきたいエリアは、やはり北区・中央区からの距離が近い阿倍野区、天王寺区、城東区、それに鶴見区です。

なかでも、コアエリアに短時間で電車移動ができ、すでに人気の街となっているのが阿倍野区と天王寺区です。阿倍野区と天王寺区は隣接しており、その境界付近には地上３００ｍの超高層ビル「あべのハルカス」がそびえ立っています。あべのハルカス内には百貨店の近鉄本店や大阪マリオット都ホテルが入り、一帯のランドマークとなっています。あべのハルカス周辺にはほかにもショッピングモールが充実し、交通面でも生活面でも利便性は抜群です。

阿倍野区と天王寺区の特徴としては、ともに教育レベルが高いことが挙げられます。それでいて、大阪の庶民性も感じることができるエリアなので、ファミリー世帯を中心に今後も人気は続いていくでしょう。

また、中央区の東に位置する城東区は、ターミナル駅の京橋駅を中心に栄え、もともと人口密度の高いエリアです。ファミリー層が多く住む治安のいい住宅街が広がり、駅前の商業施設は常に賑わいを見せています。

京橋からJR大阪環状線で2駅のところにある森ノ宮には、大阪市立大学と大阪府立大学の合併により誕生した大阪公立大学のメインキャンパスが、2025年9月にオープン予定です。1年次は全学部・学域がこの森之宮キャンパスに学ぶため、学生の往来が増えることによって街が活気づき、発展するものと予想されます。また、学校のような大規模施設は、災害時の避難場所として活用できるという大きなメリットもあります。

最後に、鶴見区は大阪市の東部に位置し、西側は城東区、北側は守口市や門真市などと隣接しています。大阪市の中では比較的新しい街であり、外部からの移転希望者も多数。市内の梅田にも電車で30分前後もあれば移動できるため、交通アクセスは良好です。今後も、市の中心部に行き来しやすいエリアに住みたいというニーズの受け皿になるでしょう。

大阪府の注目エリア3
豊中市・吹田市

大阪の北部から兵庫の南東部にかけての一帯は北摂と呼ばれ、古くから高級住宅街としてその名を馳せてきました。具体的には、豊中市や吹田《すいた》市、池田市、箕面《みのお》市、茨木市、高槻市などが北摂に含まれており、今なお緑豊かで閑静な住宅街が広がります。なお、関西の名門・大阪大学のキャンパスは、豊中、箕面、吹田の北摂エリアに点在しています。

北摂の中でも、今後とも人気が継続しそうなのが豊中市と吹田市です。豊中市は梅田駅まで約10分でアクセスできるほか、新大阪駅へも乗り換えなしで行くことが可能。大阪国際空港（伊丹空港）も市内にあるため、遠出に便利なところも地価の安定に寄与するでしょう。

吹田市は、古くからのお屋敷街とニュータウンに二分されていますが、どちらも大阪・関西の成功者が住む街として有名です。大阪以外からの転居者の割合も高い地域であり、教育熱はかなりも高く、今後とも大阪随一のブランド力は色あせないでしょう。

大阪府の注目エリア4

堺市北区・堺区

堺市は中世に文化・技術の発信地として隆盛を極め、「ものの始まりはなんでも堺」と言われるほどの貿易都市・商業都市として発展しました。現在も大阪第二の政令指定都市でありながら、市内に日本最大の前方後円墳（仁徳天皇陵古墳）など、複数の古墳を有する歴史の街でもあります。

そんな堺市は、大阪市中心部に電車で15分程度もあれば移動できる、交通利便性の高いエリアでもあります。北摂のような上品さはないものの、なにわの庶民感覚が好きな人には、おすすめの地域と言えるでしょう。また、不動産価格も大阪市中央部や北摂エリアに比べると手頃になるため、利便性のわりにはコスパがよいと言えます。

福岡県の注目エリア1

福岡市天神・博多駅周辺（薬院・赤坂・大濠公園・西新）

ここからは、九州の福岡県のおすすめエリアを見ていきましょう。九州随一の人口を誇る福岡県には、福岡市と北九州市という2つの政令指定都市があります。ここでは、アジアの玄関口としての役割を果たし、韓国や中国などからの旅客を多く受け入れる福岡市と、その周辺の注目エリアを紹介します。

福岡市の中心部といえば博多駅及び天神であり、福岡の地価は中心部へのアクセスしやすさに左右されます。少し前まで、博多駅にごく近いエリアのマンションはワンルームなどのコンパクトマンションが中心でした。しかし、「キャナルシティ博多」や福岡市による再開発プロジェクト「博多コネクティッド」によって、博多駅周辺の再開発が進み、大きく街全体のイメージが変容。それに伴い、比恵・住吉といった博多駅周辺エリアで、ファミリー向けマンションの供給も増えてきています。

薬院や赤坂、大濠《おおほり》公園、西新といった、観光ガイドに載るような人気の街は、いずれも福

福岡地下鉄七隈線の路線図

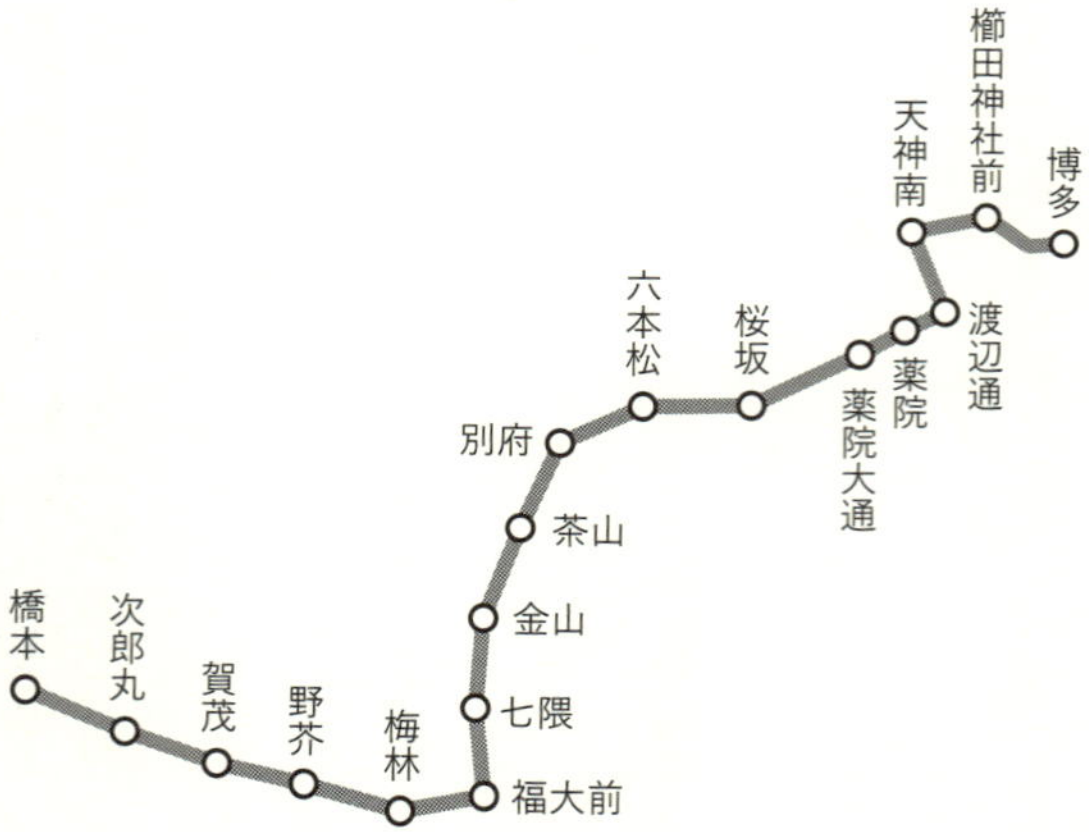

岡市が誇る職住近接の都市型居住エリアで、天神まで自転車で5～15分で通える距離にあります。たとえば、薬院は天神の隣接エリアで、都市生活の利便性＋おしゃれな街というブランディングにより、多くの人を惹きつけています。

薬院駅から少し離れたところには地下鉄七隈線の薬院大通駅があります。2023年3月に地下鉄七隈線の天神南駅～博多駅間が開業したことで、博多駅へのアクセスがさらに向上しました。この一帯は、高級マンションが立ち並ぶ浄水通りエリアのお膝元であり、交通アクセスの良さに加えて住環境の良さも抜群です。

赤坂は地下鉄空港線で天神の隣駅。洗練された街並みでありながら舞鶴公園や大濠公園も近いため、緑の多いエリアです。現在、下層階にインターコンチネンタルホテル、上層階に居住棟が入る高級レジデンスが建設されており（2029年末までに竣工予定）、福岡初の1坪あたり1000万円超えは間違いないと噂されています。

アクセス至便で居住性も高いエリアであることから、赤坂は福岡中心部の中でも、さらなる価値上昇が見込めるイチオシのエリアと言っていいでしょう。

赤坂からも近い大濠公園は、福岡市民のオアシスのような存在であり、前々から富裕層を中心に根強い人気があります。周辺には少々マンションが建てられすぎたきらいがあるものの、利便性と環境から考えて、価値は普遍的に落ちにくいでしょう。

西新は福岡一の文教地区であり、山手には昔ながらの閑静な住宅街が。博多湾に面したシーサイドエリアは、積水ハウスがメインデベロッパーとして開発した高級住宅街の百道浜《ももちはま》があります。西新駅から徒歩で15分ほどかかりますが、東京のお台場のような雰囲気で、福岡の新しい高級住宅街として高い人気を誇ります。

ここまで、天神・博多駅にアクセスしやすい好立地エリアを取り上げてきました。いずれも人気が続くエリアであることは間違いありませんが、すでに国内外の投資家から注目されており、駅前・駅近のマンションを中心として不動産価格は急騰。特に新築の高級レジデンスは、坪単価が都心3区・5区並みに跳ね上がり、富裕層でなければ手の届かない水準になっています。

福岡県の注目エリア2

春日市（春日原）、大野城市（白木原・下大利）、福岡市（雑餉隈）

天神・博多駅に近い福岡市中心部の不動産が今後も有望であることは間違いありませんが、すでに実需層にとっては現実的ではない価格帯になっています。そのため、以下では中心部からやや離れるものの、交通面で不都合はなく〝穴場〟と言えるエリアを取り上げていきましょう。

最初に紹介するのは、西鉄天神大牟田線の沿線の3駅――春日原、白木原、下大利です。福岡市に隣接する春日市の春日原駅は急行停車駅で、西鉄福岡（天神）駅まで約9分でアクセスできます。このエリアはJRも通る好立地であり、各所でマンション開発が進んでいま

福岡市と付近の注目エリアは?

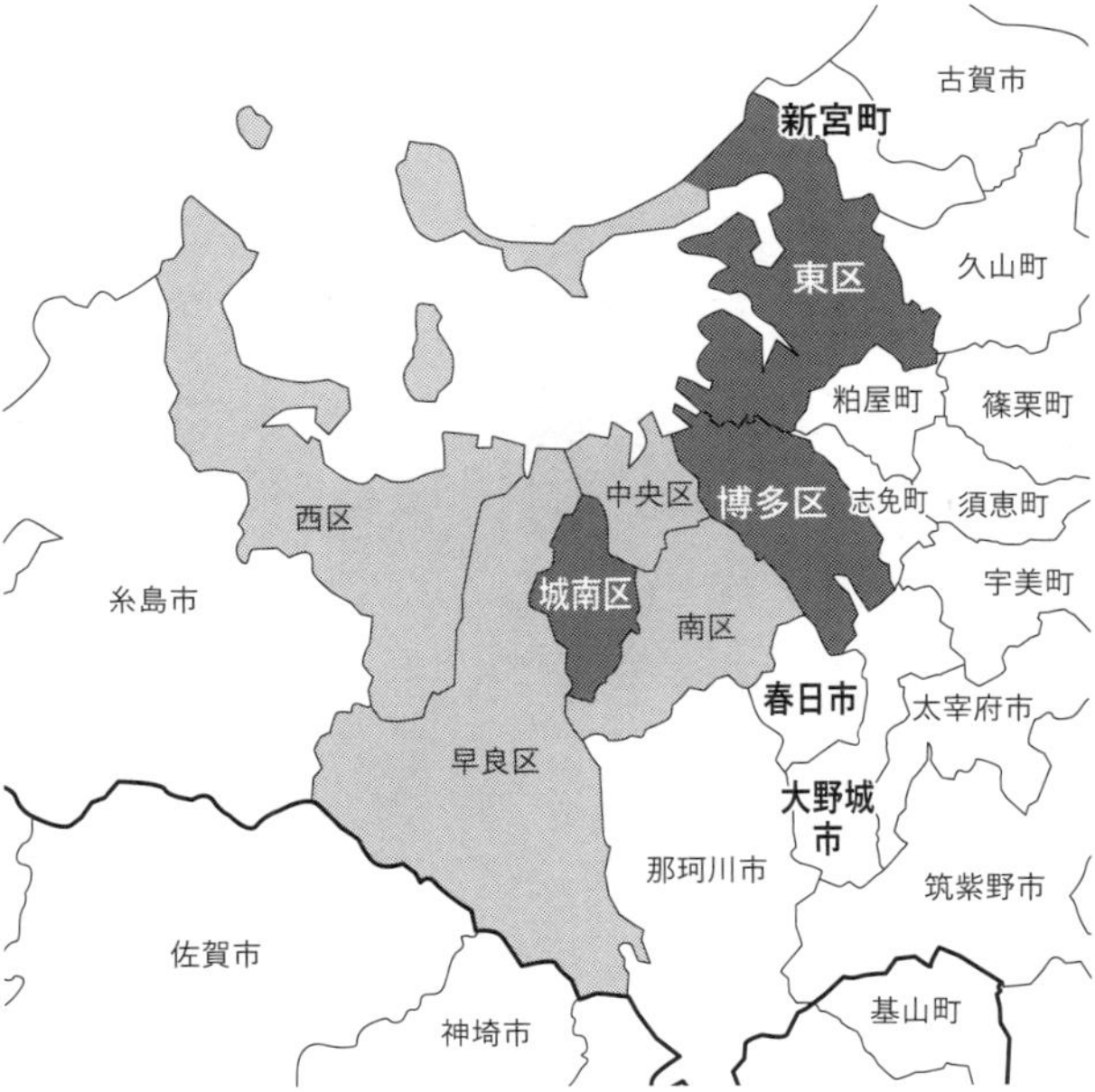

す。春日原の隣駅の白木原、その隣駅の下大利も、乗り換えなしで天神に出られる環境が注目され、人気を集めています。

また、春日原より天神寄りの雑餉隈《ざっしょのくま》というエリアは、長年未開発のまま放置されており、あまりこれといった魅力もありませんでした。しかし、2024年に雑餉隈と春日原の間に新駅（桜並木駅）が開業したことで、雑餉隈にもスポットが当たるようになり、圧倒的な割安感から人気化しつつあります。

福岡県の注目エリア3

福岡市城南区（七隈・梅林・茶山・金山）

福岡市城南区は福岡市のほぼ中央にあたるエリア。2005年に開通した地下鉄七隈線が通っていますが、この七隈線が2023年に天神南駅から博多駅まで延伸したことから、天神方面・博多駅方面のどちらにも一本でアクセスできるように。城南区の交通利便性もますます向上しました。

七隈線の七隈駅は福岡大学のお膝元であり、近隣の梅林駅とともに学生街として栄えてきました。最近はそれだけでなく、利便性のいい住宅地としても注目を集めるようになっています。

また、七隈線が通る前から発展していた茶山や金山は、七隈線開通後に開発されたエリアに取り残され、〝昭和の住宅街〟と見なされて置いてけぼりにされているようなところがありましたが、近頃は利便性の良さから見直され、地価が急騰しています。

福岡県の注目エリア４
福岡市東区（香椎・千早・照葉）

香椎《かしい》は福岡市の東区で昔から人気の住宅街。駅周辺は大規模な再開発が完了しており、駅前ビル、道路、ロータリーが整備されました。ＪＲ香椎駅と西鉄香椎駅間は徒歩２～３分と、乗り換え可能です。

香椎の隣の千早はＪＲの操車場跡地をメインに開発された街で、ＪＲと西鉄が乗り入れており、交通の利便性が非常に良い立地です。また、博多湾を埋め立てた人工島の福岡アイランドシティは、住宅のほか学校、病院、大型複合施設の「アイランドアイ」などもあります。町名は香椎照葉《てりは》ですが、もっとも便利な駅は千早駅になります。

アイランドシティ内は緑が豊かで、随所に大小の公園が配置され、道幅や電柱の地中埋設など計画的に開発されています。「子育てに最高」という声をよく聞く一方、子育てが終わった世代は福岡中心部に戻ったという話もしばしば聞くため、比較的若い、子育て世帯に適した街と言えそうです。

福岡県の注目エリア5
福岡市東区（貝塚・箱崎）

九州大学の旧箱崎キャンパスは、地下鉄箱崎線の貝塚駅や、ＪＲ九州・鹿児島本線の箱崎駅が最寄り駅。貝塚駅から天神までの所要時間は約12分、箱崎駅から博多駅までの所要時間は約６分と、市の中心部に出やすい好立地です。

九州大学が施設の老朽化などを理由に他所へ移転したため、約50haの広大な敷地の再開発が進められることになりました。舵取りは住友商事グループで、「世界を牽引する未来のまちづくりの実現」を打ち出し、高速通信やＡＩを活用したオフィスや住宅を備える次世代型のスマートシティを整備する方針です。

エリア内には、福岡・九州の食をテーマにした日本最大級のエンターテインメント交流拠点「フクオカサスティナブルフードパーク」も設けられる予定。分譲住宅2000戸や、インターナショナルスクールの新設、箱崎版地域包括ケアシステムの構築、交流広場の設置も計画されています。

これに伴って、最寄りの貝塚駅周辺は区画整理がスタート。また、2027年にはJRの箱崎駅と千早駅間の貝塚地区に新駅ができる予定です。九州大学跡地の開発は2030年頃がめどとなっているため、まだ完成までには時間がありますが、市の中心部に程近いエリアに大規模なスマートシティが誕生すれば、地価は大きく上昇するでしょう。

福岡県の注目エリア6

糟屋郡新宮町

糟屋郡新宮町は、福岡市東区の北に位置。博多までJRで15分、福岡空港や天神へもJRと地下鉄を乗り継ぎ、30分もあれば移動できます。北九州市方面へのアクセスが良いことも特徴の一つです。

2010年にはJR新宮中央駅が開業。このタイミングに合わせて駅の周辺は区画整理が進められ、新しいマンションや戸建が一斉に立ち並びました。周辺には、IKEAなどの大型店舗が集結。車で10分ほどのところにはコストコホールセールもあり、買い物に不便を感じることはないでしょう。

玄海国定公園もある海辺の街で、立花山などもあり、自然の豊かさも魅力。利便性とののびとした住環境の両方を手にすることができる街として、近年注目度が上がっています。

熊本県の注目エリア1
熊本市中央区「下通」「上通」エリア

最後に取り上げるのは、九州の熊本県です。熊本県というと、2016年4月の熊本地震のイメージがまだ鮮烈かもしれません。地震が当地の不動産にもたらした影響は甚大でしたが、民間の復興需要の牽引などにより、回復基調に乗っています。

さらに、2021年11月には世界最大の専業半導体ファウンドリーである台湾セミコンダ

熊本市の注目エリアは？

和水町
荒尾市
山鹿市
菊池市
玉名市
玉東町
北区
合志市
大津町
菊陽町
西区
東区
中央区
西原村
益城町
嘉島町
南区
御船町
宇土市
山都町
甲佐町
宇城市

クター・マニュファクチャリング・カンパニー（ＴＳＭＣ）が、熊本に半導体工場を建設することを発表。この相乗効果で、震災直後は遅々として進まなかった行政やＪＲ九州主導による再開発の機運も高まってきました。

ＴＳＭＣの日本現地法人ＪＡＳＭの熊本工場（第一・第二工場）が立地するのは、熊本県菊池郡の菊陽町です。すでに菊陽町では、ＴＳＭＣ特需で地価が高騰しています。

影響はそれだけにとどまりません。目下、熊本市中心部から菊陽町にあるＴＳＭＣ熊本工場への公共交通機関によるアクセスは、ＪＲ熊本駅からＪＲ原水《はらみず》駅まで約35分、そこから専用シャトルバスで約15分です。すでに、原水駅の利用者数はＴＳＭＣ効果で大幅に増加していますが、２０２９年には新駅が開通し、状況がさらに大きく変わる見通しです。

新駅は、菊陽町を通るＪＲ豊肥本線の三里木《さんりぎ》駅と原水駅の間に設置される予定で、これに合わせて周辺の土地区画整理事業も並行して進められます。このエリアには、半導体関連企業の従業員の居住が見込まれ、人口が増えるでしょう。

影響はまだまだ多方面にわたって続きそうですが、ＴＳＭＣのもたらす恩恵はお膝元やその周辺だけにとどまらず、熊本県の中心部である熊本市の発展にもつながる見通しです。

市内で昔から地価が高いのは、県内最大の繁華街がある下通《しもとおり》・上通《かみとおり》エリアです。同エリアはアーケード街を中心に多種多様な商業施設が集中。「鶴屋百貨店」「熊本市現代美術館」「ホテル日航熊本」、星野リゾート「ＯＭＯ５熊本」などが立地し、日常の買い物から特別な日のショッピングまで、徒歩圏内で完結します。

熊本市民の主要交通手段である熊本市電やバス路線も充実しており、市内各地への移動がしやすいのが特徴。熊本駅や阿蘇くまもと空港へのアクセスも良好で、このエリアに居を構える場合、熊本県内では珍しく車を持たない生活が可能です。

２０２４年には、上層階に１億円超えの住戸を有する高級レジデンスが上通エリアに竣工しました。熊本市中心部では熊本城の景観を守るため、建物の高さを海抜55ｍ以下とすることが景観条例で定められています。そのため、20階建て以上のタワマンは熊本市内に数棟しかありません（２０２５年時点）。さらに、マンション用地も限られるため、今後も新築マンション供給は限定的となる見込み。それだけに、希少な高級レジデンスは引き合いが強く、今後も値上がりが期待できるでしょう。

熊本県の注目エリア2
熊本市西区・JR熊本駅周辺

九州新幹線は2011年3月の東日本大震災の翌日に全線開業。熊本市内で新幹線が停まるのは、JR熊本駅です。熊本駅は下通や上通とはやや離れた場所にあり、かつては寂れた印象が強かったのですが、現在ではJR九州の主導で再開発が進められ、多くの人の行き交う繁華街に生まれ変わっています。

2021年に完成した駅ビルは大型商業施設を備え、多彩なショップやレストラン、シネコンが入居し、高い集客力を誇ります。同じく2021年には、熊本駅バスターミナルも開設。熊本市内の高校、大学への路線バス網が大幅に改善され、今や市民にとっての交通の要所として機能するようになりました。駅前広場、道路の拡張整備も完了し、歩行者にも優しい街づくりが進行しています。

新たなホテルやオフィスビルの建設も進み、ビジネス拠点としての機能も強化されています。熊本駅までは博多駅から九州新幹線で最短32分で着くため、福岡からの企業進出が進んでいます。

そんな熊本駅の周辺には、前述の熊本市中心部の景観規制を受けないエリアもあるため、駅の南側にタワマンが2棟そびえ立ち、北側(新幹線口)にもJR九州の不動産部門が県内5棟目のタワマンを建設中で、2026年の竣工を予定しています。このタワマンの上層階プレミアム住戸の販売価格は2億円を超えており、熊本では初の2億円台のマンションとして話題になりました。

こうした強気の価格設定に連動して、周辺の不動産価格はじわりと上昇しています。賃貸住宅も例外ではなく、ファミリー向けの住戸を中心として、賃料の上昇が見られます。駅周辺は総合病院やクリニックなどの医療アクセスが良好で、飲食店やスーパーマーケットも充実。また、幼稚園、小・中学校、専門学校などの子育て・教育環境が整っていることから、地価が上がってもニーズが集中するだけの利便性は確保されています。

しかも、今後は交通の利便性がますます向上する見通しです。JR九州は熊本県と協働して、JR路線を分岐・延伸し、熊本駅と阿蘇くまもと空港とを結ぶ空港アクセス鉄道を計画中です。2034年開通予定とまだ先の話ですが、現状バスと車のみで市内まで40分~1時間かかり、長らく課題とされてきた空港への移動手段が改善されるのは、市民にとっても観光客にとっても朗報でしょう。

熊本県は雄大な自然や観光資源に恵まれた地域ですが、急激に開発が進み、人流が生まれたのはやはりＴＳＭＣという黒船の影響です。外国企業の誘致に向けた施策は国を挙げて行われているため、今後も同じような対日投資により、地域経済が大きく動くこともあるかもしれません。

終章

2030年の住宅コストと不動産投資

火災保険などの保険料は今後ますます上昇へ

終章では、ここまでに話しきれていなかった〝住宅コスト〟についてと、不動産投資についても軽く触れておきたいと思います。

不動産を購入する際には、物件の購入価格以外にもさまざまなコストが発生します。住宅ローンを組んで買うなら、金融機関に融資手数料を支払うことになります。返済が始まってからは、物件価格の返済分に加えてローン金利を負担しなければなりません。そのほか、ローン保証料に火災保険料、団体信用生命保険料、加入は任意ですが、地震保険料もかかります。不動産会社に支払う仲介手数料も必要。不動産エージェントやホームインスペクターに依頼した場合には、その分のコストもかかってきます。

2030年に向けては、こうした住宅コストの一部が上がっていくことが予想されます。すでに値上がり傾向が顕著であり、今後も上がっていくと予想されているのが火災保険や地震保険、それにマンション総合保険の保険料です。これまでにもちょこちょこと値上げされてきた火災保険料は、2024年の秋に多くの保険会社で過去最大の上げ幅で引き上げられました。

地震保険は国と民間の保険会社が共同で運営していることから、どこの保険会社で加入しても保険料は同じですが、ここ数年でたびたび改定され、徐々に値上がりしています。南海トラフ地震や首都直下地震といった大規模な地震は、近い将来に高確率で発生することが予測されているため、これは仕方がないことかもしれません。

火災保険の保険料が引き上げられた背景には、近年顕著な災害の激甚化と、老朽化した建物の増加があります。ご存じのように、今やゲリラ豪雨はよくある出来事になり、台風は大型化して「100年に一度」という大仰な表現も頻繁に見聞きするようになりました。毎年のようにどこかで河川の氾濫や土砂崩れが起こり、水害の原因になる線状降水帯の発生も、もはや珍しいことではなくなっています。

自然災害の発生時に金銭面で住宅を守るベースとなるのは、火災保険です。火災保険は、失火やガス漏れなどによる火事の補償以外に、風災や雪災、雹《ひょう》災、落雷、水災、他住戸からの水漏れ、さらには盗難まで、幅広い事故による損害を補償するものです（商品によって、補償の範囲は特約をつけて加入者が決めます）。

災害が激甚化したことで、保険会社が負担する火災保険の保険金支払いは年々増加しており、このことが保険料の引き上げにつながりました。今後も、地球規模の環境変化を考えれば、災害の規模が小さくなることは考えづらいため、保険料は上がる一方でしょう。

２０２４年から特に大きく変わったのが、火災保険の水災補償です。水災補償の保険料率は、以前は全国一律でしたが、２０２４年からは地域ごとに変動する仕組みになりました。具体的には、水災のリスクが高い地域ほど保険料が高く、低い地域であれば保険料が安くなります。

リスクレベルは5段階で判断され、もっともリスクが低いと想定される地域が1等地、もっともリスクが高いと想定される地域が5等地とされます。河川の氾濫、いわゆる外水氾濫（洪水）だけでなく、排水能力を超えた豪雨が降ることにより下水道やマンホールなどから水が溢れ出す内水氾濫や、土砂崩れのリスクも含めて判断されるため、必ずしもハザードマップと合致するとは限りません。5等地の保険料は1等地の保険料の約1・2倍と、無視できない差があります。

自分が住んでいるエリア、あるいは家を買いたいと考えているエリアの水災等地は、インターネットで簡単に検索できるため、一度調べてみるといいでしょう。

マンション総合保険もさらなる値上がりの見通し

一般的にマンションの管理組合が契約者となり、共用部の損害に対する補償を目的に加入するのがマンション総合保険です。マンション総合保険は火災保険の一種で、自然災害や騒擾、集団による暴力行為などによってマンションの共用部に損害が生じた際、保険金を受け取ることができます。一般の火災保険が値上がりしていることを考えると、マンション総合保険の保険料も今後さらなる値上がりが予想されます。

現状、マンション総合保険の保険料率には築年数別料率が採用されていることが多いため、古いマンションほど保険料は高くなります。マンション総合保険の契約期間は最長5年ですが、更新後の保険料が高額で、管理組合が慌てふためくケースはよく見られます。

保険料率の仕組みが築年数別料率になっているのは、築浅物件に比べると築古物件のほうが、水漏れ事故などの不具合がはるかに起こりやすいからです。特に、築年数が20年を超えると、保険料は跳ね上がります。

マンションにおける水漏れは、住民の過失によって引き起こされることもありがちですが、大規模修繕工事が十全に行われていないマンションだと、外壁のひび割れや屋上の防水層の劣化が原因で雨漏りしたり、給排水管の経年劣化による破損で漏水したりすることもよくあります。

過去に水漏れ事故などを起こしているマンションは、保険料がさらに引き上げられるため、管理を徹底して建物や設備の補修・保全に努める必要があります。加えて、老朽化したマンションでは電気・ガスの設備も古くなり、火災のリスクが上昇することもまた、保険料の上昇要因の一つになっています。

住宅ローン金利の利上げ幅が大きくなれば、持ち家率は低下する

そのほかに上昇しそうな住宅コストといえば、金利です。長らく続いたデフレからインフ

変動金利、フラット35の長期推移（大手銀）

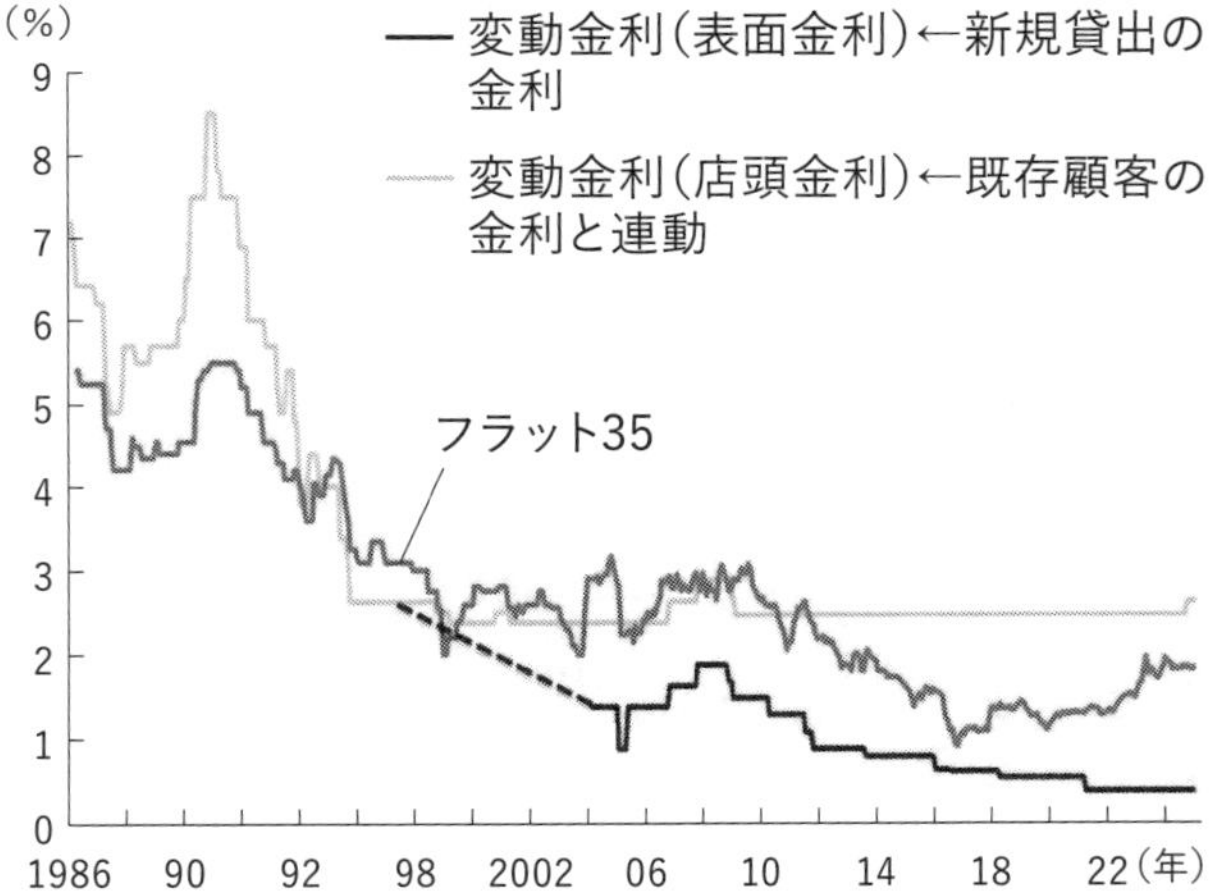

※変動金利は、大手銀行の代表的な金利。店頭金利は、日本銀行「金融経済統計月報」などを参考に作成。表面金利は銀行関係者から独自に入手。表面金利の点線部分は資料がないため、編集部の推測。フラット35の金利は、2003年以前は住宅金融公庫の基準金利で、2017年10月以降は団信保険料込みの金利

出所：ダイヤモンド不動産研究所「住宅ローンの金利推移（変動・固定）は？最新の動向や金利タイプの選び方も解説【2025年1月】」

レに転換し、住宅ローン金利は少しずつ上がっています。

日本は1990年代後半から低金利時代に入っていたので、現役世代のほとんどの人は低金利しか知りません。そのため、「金利が上がる」と聞くと、非常に損するような気持ちになるでしょう。

ただ、金利水準については、これまでが異常すぎただけです。**2030年の住宅ローン金利は、さすがに高度経済成長期の7~8%のようなレベルまではいかないでしょうが、現行水準から2%程度は上昇することは十分に考えられます。**

金利タイプは、現時点ではまだ、固定金利よりも変動金利のほうが圧倒的にお得でメリットが大きいですが、利上げの進行とともに旨味は薄れていくでしょう。

多くの金融機関の住宅ローンでは、変動金利が急に上がって家計を圧迫することを防ぐため、5年ルールや125%ルールが設定されています。5年ルールとは「金利が上がっても、5年間は返済額が据え置かれる」というルール。125%ルールとは「金利が上がっても、直前の金利の125%までしか上がらない」というルールです。

ただ、一部の銀行ではこれらのルールを撤廃し、代わりに金利水準を低く設定しています。この場合、利上げが加速した際のストッパーがない状態なので、利用している人は注意が必要でしょう。

利上げ幅が小さいうちは、住宅ローン控除による恩恵があるため、不動産の買い控えにはつながりにくいと見られます。これが3％とか4％とかになってくると、金利の負担感はかなり大きくなります。

このレベルまでの利上げか、あるいは住宅ローン控除の廃止が実施されれば、不動産を購入する実需層は減少します。そうなると、さすがに不動産価格は値下がりに転じるでしょう（ただし、住宅ローンを組まずに買う層を対象とした都心部の高額物件は除きます）。

先にも言及しましたが、住宅ローン控除は恒久的な措置というわけではないので、この先廃止される可能性があります。今、日本の持ち家率は6割強ですが、これを両輪で支えてきたのが低金利と住宅ローン控除なので、支えがなくなれば持ち家率は大幅に下がることになります。

持ち家率が下がれば、必然的に賃貸住宅に住む人の割合は上がります。そのため、この先の世の中は、不動産投資をして物件を貸したい人に追い風が吹くかもしれません。

不動産投資は立地さえ良ければ視界良好

日本における不動産投資は、立地さえ良ければ今後も見通しは明るいでしょう。賃料の上昇を材料として、多くのＲＥＩＴ（不動産投資信託）の価格はもう一段上昇する見通しです。

ＲＥＩＴは投資対象ごとに「オフィス型」「住居型」「ホテル型」「商業施設型」「物流施設型」、あるいはそれらを組み合わせたタイプに分かれます。あえて挙げるなら、インバウンドを対象としたホテル型や、都心部のオフィス型、住居型あたりが特に有望です。

住居型の中には、郊外のアパートやマンションを組み入れている銘柄もありますが、ここまでにも見てきたように、立地が悪い物件は安定的な需要が見込めないため、都心部の物件に絞っている銘柄が望ましいでしょう。

実物不動産に投資する場合、資金力があるなら、都心・駅近のタワマンなどの好立地マンションは、今後もほぼ間違いなく値上がりするため、なるべく早めに買っておくのがよさそうです。

ワンルームマンション投資は駅近物件なら今後も悪くない

もうずっと流行しているワンルームマンション投資も、そこそこの立地であれば悪くありません。都心部であれば10分以内、やや郊外でも急行が停まる駅で、徒歩7分以内なら許容範囲でしょう。

ただ、ワンルームマンションの中でも、最近都心周辺で増えている極端に専有面積が狭すぎる物件はあまりおすすめしません。世の中には、トイレや風呂まで含めて10㎡以下というような狭小物件がたくさんあります。ミニマリストブームのおかげか、ここ数年で新築の狭小物件も増え、おもに「都心に住みたいけど、高額な家賃は出せない」という単身の若者に支持されています。

たしかに、今はスマホがテレビ代わりになるので部屋にテレビを置く必要はなく、外食中心で自炊をしないのであれば、キッチン家電も不要でしょう。そのため、持ち物をコンパクトにまとめることで、狭いところでも生活しやすい環境にはなっていますが、かといって誰もが狭小物件に住みたいわけではありません。

できるだけ借り手が多そうな物件を選ぶことが不動産投資の鉄則なので、それなりの生活空間を確保できる物件を選んだほうがいいでしょう。

マンションの一室ではなく、マンションやアパートを一棟丸ごと投資する手もありますが、借入資金が高額になるため、かなり上級者向けです。立地が非常に重要になるほか、考えなければならない要素が多くなるため、万人におすすめはしません。

また、相続した実家を改装して賃貸に出したり、民泊にしたりするのも手間とコストがかかり、よっぽど立地が良くなければ賃料などの収入で支出を吸収するまでに時間を要するため、慎重になったほうがいいでしょう。

おわりに

ここまでお読みいただき、どうもありがとうございます。本書を通じて、２０３０年の不動産市場について、さまざまな角度から考察してきました。

今、私たちは歴史的な転換点に立っています。これまでの常識は通用せず、かつての成功法則はもはや無力です。しかし、それは決して絶望ではありません。むしろ、今こそ未来を切り拓く大きなチャンスと言えるでしょう。

「不動産市場が不透明だ」「未来が読めない」――そんな声を耳にすることが増えました。しかし、変化を恐れて動けない者は、波にのみ込まれるだけです。私たちがすべきことは、変化を先取りし、未来のルールを理解し、時代の波を味方につけることでしょう。

かつて日本は、戦後の高度経済成長のもと、土地神話が生まれ、不動産は「持っていれば価値が上がる資産である」と考えられてきました。しかし、1990年のバブル崩壊、2008年のリーマン・ショック、そして2020年のコロナ禍といった試練を経て、もはや「土地は絶対的な資産である」とは言えません。

だからこそ、次の世代に向けた新しい不動産の在り方を考える必要があるのです。都市政策の変化、テクノロジーの発展、金融市場の動向、地政学リスク……これらを理解し、正しく行動することで、不動産は「負債」ではなく「未来を創る資産」となり得るのです。ここから先は知恵が必要です。

未来の不動産市場で生き残るためには、ざっと以下のような視点が求められます。

❶新しい資産価値の創出

不動産の価値は一にも二にも三にも「立地」。とはいえ、これからの不動産は「立地」だけでは決まりません。「エネルギー効率」「テクノロジー導入」「コミュニティ価値」が資産価値を左右する時代です。スマートホーム、ゼロエネルギービル、シェア型住居、デジタル管理された不動産……こうした変化に対応した物件こそが、未来のスタンダードになるでしょう。

❷金融リセットに備える

世界の金融システムは根本的な転換期を迎えています。資産価値の大再編が起こる可能性を見据え、「流動性の高い資産」「実需に基づいた投資」がカギを握ります。日本国内の不動産は、相対的に安定した市場である一方で、世界的な資本移動の影響を大きく受けることを忘れてはなりません。

❸テクノロジーを活かす

ＡＩ、ブロックチェーン、ＩｏＴが不動産業界に与える影響は計り知れません。取引の透明化、価値評価のデジタル化、メタバース不動産市場の成長など、従来の「土地を持つ」という概念が変化しつつあります。これを活かし、新たな形の不動産投資・運用手法を模索したいところです。

❹都市と地方の価値再編

「都心一極集中」だけの時代は終わりを迎えています。テレワーク、地方創生、移住促進の流れが進む中、「地方の価値の再発見」が重要になります。ただし、すべての地方が生き残れるわけではありません。自治体の経営力、インフラ整備、教育・医療環境の充実が進む地域が選ばれるでしょう。

❺個人の生き方と不動産の関係

不動産は単なる「資産」ではなく、「ライフスタイルそのもの」です。これからは、住まいの選択が、人生の選択と直結する時代になります。自分にとって最適な環境とは何か？ 資産として価値を持つ住まいとは何か？ こうした視点で物件を選ぶことが、未来の成功につながります。

❻行動が未来を決める

ここまで読み進んで、「では、どうすればいいのか？」と思う方も多いでしょう。答えは明白です。「行動すること」です。未来は、待っているだけでは決して良い方向には進みません。むしろ、何もしないことこそが最大のリスクです。不動産市場が変わる今こそ、情報を集め、分析し、実際に動くことで、時代の波を味方につけることができます。多くの人が「不安だ」「様子を見よう」と考え、躊躇している間に、未来の勝者たちはすでに次のステージへ進んでいます。

正しい知識と行動力が、未来を切り拓く最大の武器になります。不動産市場は、単なる資産の売買の場ではなく、「未来を創るプラットフォーム」です。私たちは、ただ「持つ」だけでは生き残れません。「どう活かすか」「どう変化するか」が、これからの時代の成功を決めるのです。未来はすでに始まっています。さあ、動きましょう。

筆者が発信するＹｏｕＴｕｂｅチャンネル「長嶋 修の『日本と世界の未来を読む』」では、不動産はもちろん、政治・経済・金融・歴史・哲学・宗教・科学、そしてときにはスピリチュアルな領域にも踏み込みながら、この世界の現状把握と、歴史的な経緯の確認のうえで、未来予測を行っています。本書と併せてご覧いただくと、より理解が進むかと思います。

最後に、本書刊行にあたって携わって下さった皆さまに感謝の意を述べたいと思います。多くの関係者の手によって、本書はできあがっています。どうもありがとうございました。

本書が、あなたの未来の指針となれば幸いです。ご愛読いただき、誠にありがとうございました。

長嶋　修

2025年2月

「不動産のあれこれ三極化診断」
がダウンロードできる
QRコードはこちら

構成・元山夏香

長嶋 修 ながしま・おさむ

1999年、業界初の個人向け不動産コンサルティング会社、株式会社さくら事務所を設立、現会長。2008年、NPO法人日本ホームインスペクターズ協会設立、理事長に就任。2018年、らくだ不動産株式会社の会長に就任（現顧問）。国土交通省・経済産業省などの委員も歴任し、中立な不動産コンサルタントとしての地位を確立。新著に『グレートリセット後の世界をどう生きるか 激変する金融、不動産市場』（小学館新書）他。著書・メディア出演多数。NHKドラマ『正直不動産』監修。

日経プレミアシリーズ｜526

2030年《ねん》の不動産《ふどうさん》

二〇二五年三月 十 日 一刷
二〇二五年四月一五日 四刷

著者 長嶋 修
発行者 中川ヒロミ
発行 株式会社日経BP
日本経済新聞出版
発売 株式会社日経BPマーケティング
〒一〇五―八三〇八
東京都港区虎ノ門四―三―一二

装幀 沢田幸平(happeace)
本文デザイン 野田明果
組版 マーリンクレイン
印刷・製本 中央精版印刷株式会社

ISBN 978-4-296-12026-0 Printed in Japan

日経プレミアシリーズ 525

トランプ2・0
世界の先を知る100の問い

吉野直也 編著

トランプ氏の2回目の米大統領就任で、各国は再び身構える。日本は、世界はどうなる？　日経記者が、識者10人に全部で100の問いをぶつけた1冊。外交・安保、エネルギー・気候変動、金融・マーケット、中国・ウクライナなどの専門家が登場。谷内正太郎、折木良一、ケント・E・カルダー、グレン・S・フクシマ氏などが、熱く、近未来を占う。

日経プレミアシリーズ 524

「ガラパゴス・日本」の歪んだ円相場

藤井彰夫

なぜ日本は円安になっても、円高になっても大騒ぎするのか。為替レートに一喜一憂するのも、日銀や通貨マフィアに過剰な期待や責任が押し付けられるのも今や日本だけ。1987年のブラックマンデーから現場で取材してきたベテラン記者が、日本経済のいびつな構造を明らかにする。

日経プレミアシリーズ 522

2030年の戦争

泉悠　山口亮

中国の軍備増強、北朝鮮の核開発、ロシアのウクライナ侵略――。日本をめぐる安全保障環境は風雲急を告げる。現代の戦争とはどのようなものか？　2030年代、日本が戦争に巻き込まれるとしたら、どんな事態か？　実際ミサイルが飛んできたら、どうする？　ともに1982年生まれの気鋭の軍事研究者がディープに語り合う。